Pedro Waloschek (Hrsg.)

Der Architekt HANS WALOSCHEK

Sein Leben und seine Freunde

AF280381

Titelbild: Der Architekt Hans Waloschek, aufgenommen von Pedro Waloschek bei einer Reise nach Neapel im Jahr 1960.

Der Architekt
HANS WALOSCHEK

1899-1985

Sein Leben
und seine Freunde

Zusammengestellt und
herausgegeben von

Pedro Waloschek

mit Hilfe von Jutta Waloschek
und Beiträgen vieler
Freunde und Bekannten

Hamburg, Dezember 2008

Impressum

Bibliografische Information Der Deutschen Bibliothek

Die Deutsche Bibliothek verzeichnet diese Publikation in der Deutschen Nationalbibliographie; detaillierte bibliographische Daten sind im Internet über <http://dnb.ddb.de> abrufbar.

1. Auflage, vom Manuskript gedruckt.
Fertiggestellt am 5. Dezember 2008.
Korrekturen und zusätzliche Information sind willkommen
und können an den Herausgeber gerichtet werden.

Paperback, 17 x 22 cm, 128 Seiten, 62 Abbildungen.
Satz, Layout, Umschlaggestaltung und Vorbereitung für den digitalen Druck:
Atelier OpaL Productions – Hamburg

Herstellung und Verlag: Books on Demand GmbH, Norderstedt

Im Buchhandel und Interntet-Shops zu bestellen (Ladenpreis: 10,- Euro).

ISBN 978-3-8370-8084-1

Der Architekt HANS WALOSCHEK
Sein Leben und seine Freunde

Inhalt

Vorwort des Herausgebers

Immer häufiger werde ich darauf hingewiesen, dass einige der in den Jahren 1928 bis 1932 unter der Leitung des Architekten Hans Waloschek (mein Vater) errichteten Gebäude zunehmende Beachtung bei Kunsthistorikern finden. Es handelt sich dabei um Bauten, die dem Stil der sogenannten **„Neuen Sachlichkeit"** zuordnet werden, der gelegentlich auch als **„Neues Bauen"** oder **„Klassische Moderne"** bezeichnet wird und in der Umgangssprache meist **„BAUHAUS-Stil"** genannt wird. Letzteres weil es durch die Werke später berühmter Architekten, wie zum Beispiel BAUHAUS-Gründer **Walter Gropius**, **Le Corbusier** oder **Ludwig Mies van der Rohe**, weltweit bekannt wurde.

Nach Meinung vieler Experten, gehört das von Hans Waloschek entworfene **VOLKSHAUS Riesa** zu den bemerkenswertesten Beispielen dieser Stilrichtung. Desweiteren gehört dazu (unter anderen) ein großer Teil der schon vollkommen sanierten und in ihren ursprünglichen Farben und Formen renovierten **Großsiedlung Dresden-Trachau** und um die angrenzenden **Häuser an der Sonnenlehne.** Die beiden zuletzt genannten Vorhaben werden heute als Sehenswürdigkeiten für Touristen und Kunsthistoriker betrachtet. *„Die Siedlung ist das bekannteste Beispiel des Neuen Bauens in Dresden"*, bemerkt dazu der Architekturführer Dresden **[Lu97]**.

Hans Waloschek wurde 1933 von den Nationalsozialisten wegen seiner politischen Tätigkeit vertrieben, von der DDR ignoriert und in Argentinien nicht offiziell als Architekt zugelassen. Entsprechend wird er relativ wenig in der Fachliteratur erwähnt. Aus diesem Grund habe ich in dem vorliegenden Bericht meine Erinnerungen, die meiner Schwester Jutta und all das was ich über sein Leben bis jetzt noch erfahren konnte so gut es mir möglich war zusammengestellt. In einem zweiten Bändchen beschreibe ich dann mein heutiges Wissen über seine Bauten **[WP09]**. All dies soll somit eventuellen zukünftigen Interessenten zur Verfügung stehen.

Die Fähigkeiten von Hans Waloschek wurden schon recht früh erkannt, so zum Beispiel in einem 1928 vom Architekten Willi Ludewig in Berlin ausgestellten Zeugnis: *„Herr Waloschek erwies sich als schöpferischer, gewissenhafter Architekt, dessen künstlerisches Können durch seine große Umsicht, sein reiches technisches und kaufmännisches Wissen und durch seine langjährige Erfahrung im Bauwesen ergänzt wird. Die Herrn Waloschek übertragenen Verhandlungen mit Behörden, Bauherrschaften und Firmen führte er stets durch sein taktvolles und zielsicheres Auftreten erfolgreich durch."*

Tatsächlich hatte Hans Waloschek ein besonderes Talent seine Ideen und Vorschläge überzeugend und mit etwas Wiener Charme darzustellen. Dabei ist er als Architekt mit sehr viel Gefühl auf die Wünsche seiner Bauherren eingegangen. Mensch und Lebensqualität standen immer im Mittelpunkt seiner Betrachtungen, im Sinne der **Wiener Siedlerbewegung**, der er sich schon in seiner Jugendzeit angeschlossen hatte. Man kann ihn außerdem zu den Verfechtern der modernen und funktionellen Architektur des 20. Jahrhunderts zählen, wobei er allerdings immer der **Funktion** Vorrang gegenüber der **äußeren Erscheinung** einräumte. In diesem Sinne hat er gelegentlich auch konventionell aussehende Gebäude (zum Beispiel Siedlungshäuser mit Steildach oder Chalets im argentinischen Kolonialstil) entworfen und dekorative Elemente eingesetzt, besonders aus unverputzten, sichtbaren Ziegeln.

Im Kreise seiner Familie war Hans Waloschek jedoch ein recht schweigsamer Mensch. Am Tisch durfte in seiner Anwesenheit nur selten gesprochen werden. Über seine Arbeit hat er nie mit meiner Schwester Jutta gesprochen. Mit seiner temperamentvollen Ehefrau Grete hatte er ein besonderes Verhältnis. Sie war seine Sekretärin, erledigte all seine beruflichen Schreibarbeiten, führte den Haushalt, war eine rührende Mutter und berichtete in unzähligen Briefen über das Leben der Familie – die meisten sind als Durchschlagskopie erhalten, oft mit den Antwortschreiben. Aber ich muss betonen, dass Hans ein exzellenter Vater war und mit viel Aufopferung dafür gesorgt hat, dass Jutta und ich mit einem abgeschlossenen Studium ins Leben entlassen wurden.

Zu mir hatte mein Vater ein besonderes Verhältnis. Schon als 12-jähriger habe ich ihm mit großer Begeisterung beim Zeichen von Plänen geholfen. Ich konnte seinen Stil (einschließlich der Beschriftung) genau nachahmen und seine Skizzen (oft über Nacht) in vorzeigbare Zeichnungen umwandeln, mit denen er dann zu seinen Besprechungen ging. Später habe ich auch Baubesuche für ihn erledigt und einige kleinere Aufträge sogar selbst übernommen. Unser Plan war, dass ich nach dem Studium als Bauingenieur (mit argentinischer Zulassung) mit ihm weiterarbeiten würde. Daraus wurde dann nichts, weil ich lieber in die Forschung (als Physiker) ging.

Im Laufe längerer Abendspaziergänge und wenn wir gelegentlich allein waren, hat mir mein Vater viel über seine Bauten und über sich selbst erzählt. Daraus konnte ich entnehmen, dass die Zeit von 1927 bis 1932 in Berlin und Dresden wohl die erfolgreichste und glücklichste seines Lebens war. Er erzählte mir auch von seiner schwierigen Jugend in Wien, von den Bauten, die er gerade bearbeitete, von seinen Sorgen in Dresden, als er 1933 Verfolgten zur Flucht half, und als er dann angeblich *„wegen fehlender Aufträge"* Deutschland verlassen mußte.

Einiges hat er dabei aber sorgfältig verschwiegen, wie wenn er es verdrängt hätte (was gar nicht der Fall war), so zum Beispiel seine **Verhöre durch SS und SA** im Jahr 1933 und seine **Flucht**, als er nun doch verhaftet werden sollte. Nachträglich wurde mir und meiner Schwester Jutta erst klar, dass unsere Eltern, bis zu ihrer Rückkehr nach Deutschland im Jahr 1959, vor uns (bis auf sehr wenige Ausnahmen) **keine Personennamen** aus der Dresdner Zeit je erwähnt haben.

Mein Vater hat auch später nie den Wunsch geäußert, seine Bauten in Sachsen wieder zu sehen und meine Mutter bat mich, nie mit ihm oder vor ihm darüber zu sprechen. Die Erinnerung an die Ereignisse von 1933 würden ihn zu sehr aufregen! Man befürchtete auch, das die Gebäude im Krieg zerstört oder abgerissen wurden. Von einem eventuellen Besuch in der damaligen DDR sollte ich jedenfalls absehen. Meine Mutter wußte natürlich nicht, dass mir mein Vater schon sehr viel darüber erzählt hatte.

Sehr auffallend ist, dass sich unsere Eltern nach ihrer „Auswanderung" aus Deutschland 1933 praktisch nicht mehr politisch betätigt haben.

Grundlage des vorliegenden Berichtes waren meine eigenen Erinnerungen an meinen Vater und die meiner Schwester Jutta, die wir über Jahre gesammelt und niedergeschrieben haben. Vieles konnten wir dann bei der Durchsicht von etwa 2400 Briefen und mehreren hundert Dokumenten verbessern oder erweitern. Unsere Mutter Grete hatte diese Papiere sorgfältig geordnet und in Paketen gebündelt aufbewahrt. Jutta hatte sie erst 2001 in ihrer Wiener Wohnung entdeckt und der Inhalt befindet sich zur Zeit im **Familienarchiv** bei mir in Hamburg **[WaHH]**. Diese wertvollen Dokumente wurden allerdings noch lange nicht vollständig geordnet und durchforstet. Im Jahr 2003 haben wir daraus eine Broschüre erstellt, mit dem Titel: **„Die Vorfahren des Architekten Hans Waloschek" [WJ03]**. Desweiteren wurde im Laufe der Jahre eine Familiengeschichte geschrieben und im kleineren Kreis verteilt. Sie ist in einer aktualisierten Fassung im Juni 2008 unter dem Titel **„Das Schicksal der Walos – Zwei Wiener im Ausland"** auch in gedruckter Form erschienen **[WaPJ]**. Teile dieser Familiengeschichte wurden in die vorliegende Biographie von Hans Waloschek übernommen.

Wesentlich schwieriger und zum Teil unmöglich gestaltete sich die Identifizierung und genauere Beschreibung der vielen von Hans Waloschek entworfenen oder realisierten Bauwerke. Der größte Teil der Pläne und Unterlagen seiner Arbeit in Deutschland wurde nämlich 1933 von den Nationalsozialisten vernichtet und viele der bei den Dresdner Baubehörden gelagerten Unterlagen sind beim Bombenangriff im Februar 1945 verbrannt.

Foto Nick Wall (London)

Nachkommen des Architekten Hans Waloschek und ihre Familien vor dem Wohntrakt beim VOLKSHAUS Riesa, im Juli 1999. Der Wohntrakt wird seit 2007 saniert und in moderne Wohnungen umgewandelt. Der entsprechende Zugangsweg wird, nach einstimmigem Beschluss des Rates der Stadt Riesa, den Namen „Hans-Waloschek-Weg" erhalten.

Mit Hilfe von Freunden und Bekannten ist es jedoch gelungen, relativ viel über einige besonders wichtige Werke zu erfahren. So konnte ich schon 2001 einen Bericht: **„Das VOLKSHAUS RIESA und sein Architekt" [WP01]** fertigstellen und 2007 ein Heft mit dem Titel: **„Der schlaue Turm von RIESA – Wissenswertes über den VOLKSHAUS-Bau" [WP07]** herausgeben.

Was seine vielen Bauten in Argentinien (1936 bis 1959) betrifft ist die Situation noch schwieriger. Die dort gelagerten Unterlagen wurden (wegen des feuchten Klimas der Stadt Buenos Aires) zum größten Teil durch Schimmelbefall zerstört. Bei der Entrümpelung seines Hauses im Jahr 1965 mussten sie entsorgt werden. Nur wenige Dokumente konnte meine Schwester retten. Damals lebten Hans Waloschek und seine Frau Grete schon wieder in Deutschland und hatten beim Übersiedeln nur ein Minimum an Information über die Arbeiten in Argentinien mitgenommen. Es ist also relativ wenig über diese Werke bekannt, wie ich bei einem dreiwöchigen Besuch in Argentinien im Februar 2000 auch bestätigen konnte.

Nach dem Tod meines Vaters, am 28. Oktober 1985, konnte ich meine Neugier nicht mehr bremsen und bin schon im August 1986 mit meiner Lebensgefährtin Edith Hagemann nach Dresden und Riesa gefahren. Mit den spärlichen Unterlagen, die ich damals zur Verfügung hatte, konnte ich die am Anfang erwähnten Bauten lokalisieren. Das **VOLKSHAUS RIESA** war zu der Zeit eine russische Kaserne, mit hohem Lattenzaun umgeben. Die **Großsied-**

lung Dresden-Trachau war etwas verwahrlost aber erhalten und bewohnt. Es gab keine nennenswerten Kriegsschäden. Besonders interessant war ein Nachmittag mit Kaffee und Kuchen bei einer Dame, die in einem der **Häuser an der Sonnenlehne** wohnte. Es war ihr wohlgepflegtes Privateigentum. Sie besaß ein gut gehendes Radio- und Fernseh-Geschäft in der Nähe und fuhr ein West-Auto – in der sozialistischen DDR.

Damals (1986) sah ich aber keine Möglichkeit, mehr über die gesehenen Bauten zu erfahren oder zu erforschen. Erst einige Jahre später sollte sich das ändern. Als erster wollte der Architekt Dipl.-Ing. **Karl-Heinz Löwel** (Dresden) 1994 von mir mehr über meinen Vater wissen. Er beschäftigte sich seit Jahren mit umfangreichen Recherchen auf dem Gebiet des Siedlungswesen in Sachsen. Ihm war es gelungen einige der von Hans Waloschek in und um Dresden geplanten und erstellten Bauten zu identifizieren. Und er hat mich mit viel Geduld über die heute benutzten Definitionen der Architekturstile aufgeklärt, die ich am Anfang dieses Vorwortes erwähne.

Zwei Jahre später, es war 1996, hat sich der Dresdner Historiker **Horst R. Rein** (1936-2006) bei mir und bei meiner Schwester in Wien per E-Mail gemeldet. Er beschäftigte sich mit der Geschichte der Großsiedlung Dresden-Trachau und hatte entdeckt, dass der Architekt Hans Waloschek in den damals vorhandenen Unterlagen gar nicht erwähnt wurde und dass entsprechend der Bau des modernen Teils der Siedlung ausschließlich dem Architekten Hans Richter zugesprochen wurde. Dies sollte nun richtiggestellt werden.

Im Juli 1999, als Hans Waloschek 100 Jahre alt geworden wäre, hat Horst R. Rein eine große **Feier zu Ehren von Hans Waloschek** in Dresden-Trachau organisiert, zu der auch Nachkommen des Architekten aus Argentinien, Italien, Österreich und Großbritannien angereist sind. Alle Teilnehmer waren von der bis dahin ihnen fast unbekannten Tätigkeit des Architekten Hans Waloschek sehr beeindruckt. Danach habe ich mich mit der Sammlung weiterer Daten über das Leben meines Vaters zunehmend beschäftigt.

Im vorliegenden Bericht wird der heutige Stand meiner Recherchen darüber zusammengefasst. Es wird auch über einige seiner Freunde und Bekannten berichtet. Diese Daten sollen, wie schon erwähnt, nun auch anderen, die sich eventuell dafür interessieren, zur Verfügung stehen. Vielleicht dienen sie auch als Anregung für weitere Recherchen. Deshalb wurden relativ viele Details (soweit dies möglich war, auch mit Namen und Datum versehen) im Text eingefügt und (etwas unkonventionell) wichtige Begriffe oder Namen an bestimmten Stellen **fett gedruckt** hervorgehoben, genau wie ich es im Manuskript (eigentlich nur für mich) nützlich fand. In diesem Sinne wurde auch ein möglichst vollständiges **Register** (besonders der Namen) erstellt.

Wörtliche Zitate sind *kursiv gedruckt*. Im **Teil 2** wird über das Leben einiger Personen informiert, mit denen Hans Waloschek im engeren Kontakt stand und über die relativ wenig in der zugänglichen Literatur zu finden ist.

Neben meiner Schwester **Jutta** und den beiden schon erwähnten Herren **Karl-Heinz Löwel** und **Horst R. Rein**, haben mir viele Freunde und Bekannte bei der Suche nach Information geholfen. Ihre Namen habe ich hier in alphabetischer Ordnung aufgelistet – in der Hoffnung, keinen vergessen zu haben:

    Dr. Kirsten Baumann (Dessau), **Heike Berthold** (Riesa), **Klaus Brendler** (Dresden-Trachau), **Oscar Casemayor** (Mar del Plata), **Silke Dähmlow** (Berlin), **Silke R. de Dross** (Martinez - Bs.As.), **Dr. med. Dieter Frank** (Riesa), **Robert E. Fry** (Bisbee, AZ USA), **André Greif** (Dresden), **Dipl.-Ing. Wolfgang Grimm** (Riesa), **Michael Härtel** (Schönheide), **Helmut Härtelt** (Meißen), **Dirk Kaden** (Berlin), **Ines Klotz-Witt** (Riesa), **Dr.-Ing. Ludwig Jenchen** (Dresden-Wölfnitz), **Dr.-Ing. Claus-Dirk Langer** (Meißen), **Gert-R. Lechner** (Dresden), **Rosemarie Linneke** (Dortmund), **Arch. Andrés Ludewig** (Buenos Aires), **Katleen Neubert** (Dessau), **Paul Neurath** (Wien), **Dipl.-Ing. Maria Obenaus** (Dresden), **Dieter Opitz** (Zürich), **Ilonka Opitz** (Berlin), **Marita Prätzel** (Riesa), **Charlotte Richter-Jericho** (Stuttgart), **Rebecca Sanders** (Einsiedeln), **Renate Schulze** (Dresden), **Arch. Grete Schütte-Lihotzky** (Wien), **Walter Steglich** (Dresden) und **Nick Wall** (London).

Für ihre Beiträge möchte ich allen herzlichst danken.

Weitere Information, Korrekturen oder Bemerkungen werden dankbar entgegengenommen und können (wie schon im Impressum erwähnt) in einer späteren Auflage berücksichtigt werden. Außerdem ist ja ein zweiter Bericht in Vorbereitung **[WP09]**, in dem mein heutiges Wissen über die einzelnen Bauten von Hans Waloschek zusammengefasst wird.

Pedro Waloschek
Hamburg, im Dezember 2008

1 Lebenslauf

Im Juli 1999 wäre Hans Waloschek hundert Jahre alt geworden. Zu diesem Anlass wurde eine erste Fassung einer Hans-Waloschek-Biographie veröffentlicht **[WJ99]**, die dann 2001 in einer etwas verbesserten Version erschien **[WJ01]**. Aber es war damals schon klar, dass dies nur die Grundlage für eine ausführlichere Darstellung sein konnte – besonders nachdem in Wien der umfangreiche Nachlass von Hans und Grete Waloschek gefunden wurde. Es kamen allerdings auch noch weitere Informationen dazu, die im vorliegenden Bericht schon berücksichtigt sind.

1.1 Jugend und Ausbildung

Hans Waloschek wurde am **13. Juli 1899** in Wien geboren und am 20. Juli auf „Johann Karl" getauft, Namen, die er allerdings nur selten benutzt hat. Er kam aus eher bescheidenen Verhältnissen. Sein Vater Johann (aus Teschen bei Kattowitz) war Schuhmachermeister und ist schon 1908 unter recht tragischen Umständen verstorben. Seine Mutter Emma Maria (geb. Frömel) übernahm nach dem Tod ihres Mannes das Schuhgeschäft, durfte sich sogar „Schuhmachermeisterin" nennen und hatte dafür auch die entsprechenden Fähigkeiten erlernt. Sie meisterte so gut es ging und mit einer gewissen Härte die Erziehung der beiden Söhne Willi (geb. 1898) und Hans und der jüngeren Schwester Emmy (geb. 1905). Über die Vorfahren und die Familie der Geschwister Waloschek findet man relativ viele Daten im Familienarchiv, die in einer Broschüre **[WJ03]** ausführlicher dargestellt wurden (s. auch den Stammbaum am Ende der „Chronologie", Abschnitt 1.7).

Hans hat nach dem Ende der Volksschule drei Klassen Bürgerschule besucht und von 1913 bis 1915 die **„Öffentliche fachliche Fortbildungs- schule für Baugewerbe"** in Wien III. Im Jahr 1913 begann er auch mit einer Maurerlehre bei den Maurermeistern **F. Wafler & A. Blahovec** in Wien III.

Wie Hans später erzählte war die Maurerlehre kein Honigschlecken. Lehrlinge mussten immer die unangenehmsten Arbeiten übernehmen, dann noch Bier für alle holen und dumme Scherze ertragen. Ziegel zu „schupfen" oder sie mühsam auf der „Kraxen" hochschleppen und das Schieben schwerer Schubkarren hatte er in trauriger Erinnerung. Am schlimmsten aber war die durch Kalk und Mörtel gesprungene Haut der Hände. Andererseits war es aber auch eine wichtige Erfahrung für seine spätere Tätigkeit als Architekt.

Schuhmachermeister
Johann Waloschek
mit Frau und Söhnen
Willi und Hans (am
Arm), und seinen
drei Gehilfen vor
der Werkstatt in der
Kleinen Neugasse 16,
Wien IV, um 1900.

Oben links, im Kasten,
das gleiche Haus im
April 2000, fotografiert
von Jutta Waloschek.

Emma Waloschek mit ihren
drei Kindern Willi (links),
Emmy und Hans um 1915.

Das praktische Wissen über alles was auf einem Bau machbar ist hat sich bei der Planung seiner Projekte als sehr positiv erwiesen. Und seine Vorliebe für kleine künstlerische Ornamente aus unverputzten Ziegeln wurde für ihn eine Art Markenzeichen, das auf vielen seiner Fassaden zu beobachten ist. Er konnte den Maurern immer genau zeigen, wie sie es machen mussten, besonders wenn sie zweifelten, ob es überhaupt möglich war.

Hans beendete die Maurerlehre erfolgreich bei Baumeister **Ferdinand Schindler** in Wien. Der Lehrlingsalptraum war nun vorüber, wie er später oft betonte. Am 30. September 1916 bekam er seinen Lehrbrief als „Maurergehilfe".

Nach erfolgreichem Ende der Fortbildungsschule für Baugewerbe ging Hans vier Jahre auf die **Baufachschule** an der **„Höheren Staatsgewerbeschule Wien I"**, die er am 2. Juli 1919 mit dem **„Reifezeugnis"** auch erfolgreich abgeschlossen hat. Sein Bruder Willi hatte übrigens die gleiche Ausbildung und auch die Reifeprüfung bestanden.

Nach dem Anschluss Österreichs an das Deutsche Reich im Jahr 1938 berechtigte dieses Zeugnis (in der damaligen Ostmark) zur Führung der Standesbezeichnung „Ingenieur" oder „Ing.", genau wie es in Deutschland schon früher für diese Ausbildungsart üblich war. Diese Regelung wurde nach dem Zweiten Weltkrieg im wieder unabhängigen Österreich beibehalten und im Gesetzbuch verankert. In einer 1957 erstellten Urkunde des Österreichischen Bundesministeriums für Unterricht wurde die Standesbezeichnung für Hans Waloschek nochmals ausdrücklich bestätigt.

In der Staatsgewerbeschule befreundeten sich die Brüder Hans und Willi Waloschek mit **Raúl Pérez Irigoyen**, Neffe des damaligen argentinischen Gesandten in Wien, Fernando Pérez. Dem für Zeichnen und praktische Arbeiten weniger begabten Argentinier konnten sie tatkräftig unter die Arme greifen, besonders bei der Abschlussprüfung. Dies war für Hans eine recht wichtige Bekanntschaft für seine spätere Tätigkeit in Argentinien.

Hans und Willi hatten damals einige Nebeneinkünfte durch Abendtätigkeiten, zum Beispiel als Statisten im Theater an der Wien. Und sie entwickelten auch kulturelle Interessen, besonders zum Singen und Musizieren. Es entstand dabei eine sympathische und anregende Freundesgruppe zu der auch der spätere Architekt und Sammler antiker Musikinstrumente **Fritz (Friedrich) Punzmann** (1900-1982) gehörte. Der Innenhof und das Musikzimmer im traditionsreichen Haus seiner Familie (in dem er auch wohnte) war ein beliebter Treffpunkt der Gruppe (Wien VIII, Lange Gasse 34) **[Pu65]**.

Hans Waloschek und wahrscheinlich auch Fritz Punzmann waren als Studenten der „Staatsgewebeschule Wien I" Mitglieder in einer anscheinend

Die Brüder Hans (links)
und Willi Waloschek
in Wien etwa 1918.

Hans Waloschek
im Oktober 1921.

Hans Waloschek
Selbstporträt vom
13. März 1919.

schlagenden Verbindung mit ihren eigenen „Farben". Jeder hatte einen Geheimnamen – Waloschek hieß „Brandt".

Hans hatte in der Staatsgewerbeschule wohl gute Kenntnisse erworben, sodass er schon vor dem Ende seiner Ausbildung bei Prof. **Carl Seidl** (Wien) an der Planung eines Mehrfamilienwohnhauses mitarbeiten durfte.

Am 1. August 1919, also kurz nach seinem Abschluss an der Staatsgewerbeschule, wurde er als Bauzeichner in den „Werstätten-Karau-Wien / Architektur-Kunstgewerbe-Reklame" des Architekten **George Karau** (1876-1936) eingestellt und an der Planung von Wohnhäusern beteiligt.

George Karau gehörte zu den idealistisch motivierten Menschen, die sich damals mit den Bau von erschwinglichen aber doch menschenwürdigen Wohnungen und Siedlungen in und um Wien beschäftigten. Es sollte dabei vor allem die nach dem Ersten Weltkrieg entstandene akute Wohnungsnot gemildert werden und man wollte gleichzeitig die Wohnqualität für eine größere Bevölkerungsschicht wesentlich verbessern. Dies wurde später auch **„Wiener Siedlungsbewegung"** genannt, obwohl es ähnliche Tendenzen auch in anderen Städten gab.

Man muss bedenken, dass es in den vor dem Ersten Weltkrieg gebauten mehrstöckigen Wohnblocks der Großstädte noch durchaus üblich war, für alle Parteien eines Stockwerks (oder sogar für zwei Stockwerke), nur eine Toilette und einen Wasserhahn mit kleinem Becken (in Wien „Bassena" genannt) am Gang zur Verfügung zu stellen. Was das für die Hygiene bedeutete, kann man sich heute kaum mehr vorstellen! Für die Abwässer hatte man allerdings schon Lösungen gefunden, gezwungen durch früher ausgebrochenen Seuchen. Kohle- oder Holzöfen standen nur in den Zimmern die geheizt werden sollten.

Es bildeten sich damals viele Selbsthilfeorganisationen und Genossenschaften, so zum Beispiel von Siedlern, Kleingärtnern, Schrebergärtnern und Kleintierhaltern, die nach besseren Lebensbedingungen suchten, im allgemeinen außerhalb oder am Rand der Großstädte. Diese Organisationen standen (jedenfalls in Wien) meist den sozialdemokratisch orientierten Gewerkschaften nahe.

Es wurden dabei recht unterschiedliche Ziele verfolgt. Von einem Häuschen mit Garten konnten damals natürlich nur wenige träumen. Reihenhäuser mit kleinen Gärten (nach englischen Vorbildern) waren da schon erschwinglicher. Für die große Mehrheit wurden aber nur Kleinwohnungen in großen Wohnblocks geplant („Großsiedlungen" genannt), die jedoch einen höheren

Wohnkomfort bieteten und wennmöglich mit Grünflächen umgeben waren. Zunehmend wurden auch Schrebergärten in Randgebieten angelegt.

In der Zeit mit George Karau hatte Hans Waloschek seine ersten Kontakte mit dem gemeinnützig (also nicht auf Profit ausgelegt) organisierten Bauen von Siedlungen und Wohnhäusern und mit dem funktionellen Stil, der eine bestmögliche Wohnqualität anstrebte, mit weitgehendem Verzicht auf überflüssige Verzierungen. Dies hatte auf seine spätere Tätigkeit einen großen Einfluss.

Schon im Februar 1920 verließ aber Hans Waloschek seine Stelle bei George Karau und ging nach Leipzig, wo er bei Ing. **Alfred Paats** unter anderem am Projekt und der Bauleitung von Sportanlagen in Amorbach im Odenwald und in Nürnberg (Süddeutsches Stadion) verantwortlich mitwirkte, wie es in Zeugnissen aus den Jahren 1920 und 1921 bestätigt wurde. Es haben sich damals Probleme bei einem Schwimmbad aus Beton ergeben, das nicht wasserdicht wurde, worüber er später oft scherzhaft berichtete. Sie dachten anfangs, sie könnten den Beton durch besondere Beimischungen wasserdicht machen. Das ging aber nicht. Bestreichen mit viel Wasserglas hat dann auch nicht geholfen. Jeden Morgen war der Wasserpegel wieder gesunken! Hans verließ die Firma Ende November 1921, noch bevor das Problem gelöst wurde und kehrte nach Wien zurück, wo er ein halbes Jahr bei den Professoren **Siegfried Theiss** und **Hans Jaksch** arbeitete, unter anderem in der Bauleitung einer Wohnsiedlung.

1.2 Die Wiener Siedlungsbewegung

Im September 1921 hatten sich einige Siedler- und Kleingärtnerorganisationen als **„Österreichischer Verband für Siedlungs- und Kleingartenwesen (ÖVSK)"** zusammengeschlossen, der meist einfach „Siedlerverband" oder „Siedlungsverband" genannt wurde. Unter der gleichen Adresse (Wien XV, Moeringergasse 7) hatte auch die **„Siedlungs-, Wohnungs- und Baugilde Österreichs (SWBÖ)"** ihre Büros.

Hans Waloschek hat ab 15. Mai 1922 in beiden Organisationen mitgewirkt, wie aus zwei später erstellten Zeugnissen hervorgeht. Auch sein Bruder Willi war in diesen Organisationen tätig. Die technische Abteilung des SWBÖ, in der Hans Waloschek arbeitete, wurde Ende 1922 vom ÖVSK übernommen und bis zum 30. Juni 1925 weitergeführt. Waloschek hat in der Zeit unter anderem *„die Bauleitung der Siedlungen **Hirschstätten, Knittelfeld, Fürstefeld, Graz** und **Schönau** übernommen und die **Vertretung der Leitung** der Abteilung in Abwesenheit des Leiters"*.

Sehr interessant ist der Personenkreis, mit dem Hans Waloschek damals eng zusammengearbeitet hat. Einige Namen hat er später in einem Lebenslauf erwähnt: *„Meine Lehrer für wirtschaftliches Bauen und Planen waren zu jener Zeit die Professoren **Theiss** und **Jaksch**, so wie Dr. **Hans Kampffmeyer**, Dr. **Otto Neurath**, Arch. **Franz Schuster** und Ing. **F. Neubacher**, letztere als Gründer der Siedlungs- und Baugilde Österreichs, deren Baubüro ich angehörte"*. Hans Waloschek hat immer betont, dass der gesunde „Teamgeist" bei weitem das Wichtigste im Siedlerverband war. Man hat zwar später einige Entwicklungen mit bestimmten Namen verbunden, aber in Wirklichkeit waren immer mehrere an allen Vorhaben beteiligt.

Weitere Namen wurden in verschiedenen Schriftstücken gefunden. So war zum Beispiel **Adolf Müller** geschäftsführender Obmann des ÖVSK, Sekretär war der schon damals berühmte Philosoph, Städtebauer und Statistiker Dr. **Otto Neurath** (1882-1945). Die Chefarchitekten waren: der schon erwähnte **George Karau** und **Franz Schuster** (1892-1968/72). Der Architekt **Franz Schacherl** (1895-1943) war Leiter der Technischen Abteilung und später viele Jahre Partner von Franz Schuster. Mitarbeiter waren unter anderen **Joseph Frank** (1885-1967) und **Grete (Margarete) Lihotzky** (1897-2000). Aus einem später an Waloschek erstellten Zeugnis geht hervor, dass **George Karau** der Chefarchitekt in der Baugilde (SWBÖ) war, **Adolf Müller** der Gildenobmann und **Otto Neurath** der Gildensekretär.

Staatliche Unterstützung verdanken die Siedlerorganisationen dem Politiker **Jakob Reumann** (1853-1925), der 1919 erster sozialdemokratischer Bürgermeister Wiens wurde. Er hat im Mai 1921 ein **„Siedlungsamt"** der Gemeinde Wien eingerichtet, unter der Leitung von Dr. **Hans Kampffmeyer** (1876-1932), wobei der bekannte Architekt und engagierte Architekturtheoretiker **Adolf Loos** (1870-1933) Chefarchitekt war. **Franz Schacherl** gehörte auch zu den Mitarbeitern.

Einen großen Einfluss auf die Wiener Siedlerbewegung hatte wahrscheinlich der berühmte deutsche Architekt **Heinrich Tessenow** (1876-1950), der 1913 bis 1919 an der Wiener K.K. Kunstgewerbeschule unterrichtete. Franz Schuster war einer seiner Schüler und folgte ihm 1919 als Assistent nach Dresden-Hellerau, bevor er 1923 nach Wien zurückkehrte und Chefarchitekt im ÖVSK wurde.

Auch der bekannte Architekt **Oskar Strnad** (1879-1935) hat an der Wiener K.K. Kunstgewerbeschule unterrichtet. Zu seinen Schülern gehörte Grete Lihotzky, die von 1915 bis 1919 als erste Frau in Wien Architektur studieren durfte. Sie hat auch Vorlesungen von Heinrich Tessenow über Baukonstruktionslehre gehört und war mit Adolf Loos gut befreundet, den sie als ihren Mentor und Vorbild betrachtete. Sie hat sich besonders auf Inneneinrichtungen spezialisiert und damals auch eine **„Warentreuhand"**-Organisation gegründet und geleitet, die kostengünstig Baumaterial zur Verfügung stellte.

Hans Waloschek hat sich besonders gut mit **Otto Neurath** verstanden und schwärmte sein Leben lang von Neuraths prägnanten Darstellungen statistischer Zusammenhänge, die so genannten „Neurath-Männchen". Er hat diese Methode auch immer eingesetzt, wenn er dafür Gelegenheit hatte.

Otto Neurath wohnte in der Schlossgasse, nicht weit entfernt von Hans Waloscheks Wohnung in der Großen Neugasse. Er hat Hans oft abgeholt, um zusammen den längeren Fußweg ins Büro des Siedlerverbandes zurückzulegen, an was sich Hans Waloschek gerne erinnerte und später auch Otto Neuraths Sohn Paul (der das Konzentrationslager Buchenwald überlebt hat) bestätigt hat. Es gab dabei immer Interessantes zu diskutieren.

Grete Lihotzky hat während ihrer Zeit im Wiener Siedlungsverband oft Freunde und Kollegen in die geräumige Wohnung ihrer Eltern in der Hamburger Strasse 40 im V. Bezirk eingeladen, um über alles Mögliche zu diskutieren, Musik zu hören oder einfach gemütlich zusammen zu sein und Tee zu trinken. Wie sich Grete (nun Schütte-Lihotzky) noch 1999 erinnerte **(s. Teil 2)**, waren sowohl Hans wie auch Willi Waloschek als gern gesehene Gäste oft dabei. Sie waren immer vergnügt und voller guter Einfälle!

Luftbild der Siedlung Eden um 1928. Das Haus von Willi Waloschek ist mit einem Kreuz markiert. Rechts daneben kann man mit einiger Mühe die schon vorher errichtete Holzhütte erkennen. Postkarte aus dem Nachlass von Hans Waloschek.

Eines der ersten Vorhaben des Siedlungsverbandes ÖVSK war die **Siedlung Eden** bei Hütteldorf am Rande des Wienerwalds. Eine Siedlergemeinschaft mit dem Namen **„Reformsiedlung Eden"** (eine registrierte gemeinnützige Bau- und Siedlungsgenossenschaft m.b.H.) wurde dafür gegründet und das Wiener Büro des Architekten **Ernst Egli** (1893-1974, später Professor in Zürich) hat es übernommen den Bebauungsplan zu erstellen. Zu der Zeit war auch Grete Lihotzky als Mitarbeiterin in Eglis Büro tätig. Wie sie selbst berichtete, hat sie sich hauptsächlich um die Inneneinrichtung einiger der Häuser (am unteren Rand der Siedlung) gekümmert, der so genannten „Kernhäuser" und um das Projekt eines Kindergartens.

Der größere Teil der Siedlung Eden wurde von Egli auf dem Hang des Wolfersberges geplant. Es handelte sich um etwa 25 Wohneinheiten, die meist als Doppelhäuser mit Gärten ausgelegt waren. Die Anordnung der Häuser und ihre äußere Erscheinung wurden wahrscheinlich durch den Bebauungsplan festgelegt. Der Bau der Häuser, ihre innere Aufteilung und Einrichtung wurden den Siedlern überlassen.

21

Die Anwärter auf zukünftige Häuser hatten damals vorweg die notwendigen Arbeiten für die Erschließung der Grundstücke und für den Bau der Straßen zu leisten. So mussten sie zum Beispiel die noch immer vorhandenen Wurzeln der vielen Bäume ausgraben, die in der Not des Ersten Weltkriegs gefällt und verheizt wurden. Zwischen 1000 und 3000 unbezahlte Arbeitsstunden musste jeder Anwärter vorweg leisten und auch Beiträge an die Siedlergemeinschaft einzahlen. Die Stadt Wien vergab oder vermittelte großzügige Baukredite und Hypotheken und verpachtete die Grundstücke langfristig an die Siedler im sogenannten „Erbbaurecht".

Willi und Hans Waloschek wurden Mitglieder der Siedlergemeinschaft. Sie haben jeweils über 2000 freiwillige Arbeitsstunden in der Gegend der Siedlung Eden geleistet und ihre Beiträge eingezahlt. 1922 durften sie auf einem für sie bestimmten Grundstück nur einen „Geräteschuppen" aus Holz aufstellen und daneben einen Brunnen mit Handpumpe und eine Toilette mit Sickergrube einrichten. Erst 1925 konnten sie darauf ein Haus (für Willi) bauen und 1928 daneben ein zweites (für Hans). Einige Details dieser extrem einfachen Siedlerhäuser werden auf den nächsten Seiten gezeigt.

Willis Haus wurde in Selbsthilfe erstellt, wobei die Erfahrungen als Maurer von Hans und Willi sehr zugute kamen. Beim zweiten Haus haben schon die jüngere Schwester Emmy und ihr Mann Franz Vanecek mitgeholfen. Sie haben das Haus auch übernommen als Hans nach Deutschland übersiedelt ist. Die Häuser hatten zwar Strom- und dann auch Wasseranschluss, wurden aber erst Jahre später an die Kanalisation angeschlossen.

Ein wichtiges Ereignis, besonders für die Kleingärtner und für den Siedlungsverband, war die vom 2. bis 9. September 1923 auf dem großen Wiener Rathausplatz und zum Teil auch im Rathaus selbst stattgefundene **„5. Kleingarten-, Siedlungs- und Wohnbauausstellung"**. Daran haben sich viele Organisationen, Architekten und auch Firmen beteiligt und ihre Entwicklungen oder Erzeugnisse präsentiert. Als „geistiger Vater" der Ausstellung wird der Leiter der Kleingartenstelle der Stadt Wien **Franz Siller** (1893-1924) genannt. Mit der Organisation wurde **Otto Neurath** beauftragt.

Es wurden voll eingerichtete Häuser, Hütten und Gärten (auch mit Kleintierhaltung) in Originalgröße aufgebaut und in verschiedenen Veranstaltungen dem Publikum vorgestellt. Darunter war auch ein komplettes „Kernhaus" von **Ernst Egli**, genau wie es in der Siedlung Eden auch gebaut wurde. Es war vollständig mit Einbaumöbeln nach den Vorschlägen von **Grete Lihotzky** versehen. **George Karau** hatte für die Einrichtung andere Vorschläge ausgearbeitet, die er „Kombinationsmöbel" nannte.

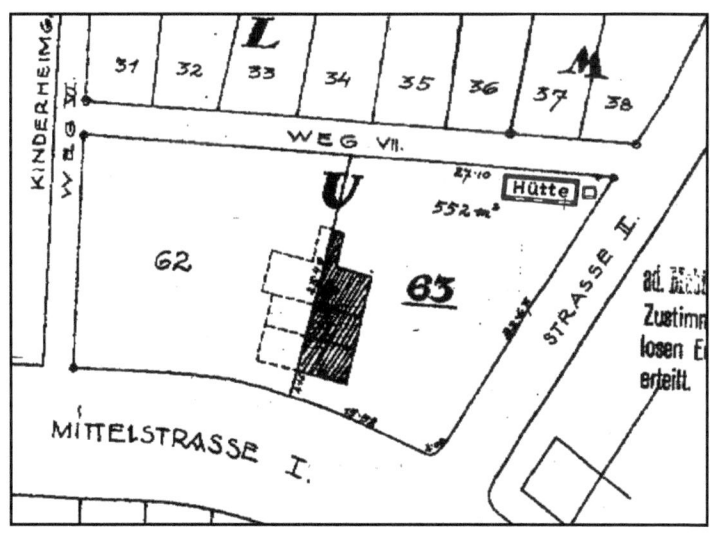

Hausbau in Selbsthilfe in der Siedlung Eden (Wien-Hütteldorf) um 1925. Oben Willi (links) und Hans Waloschek, ganz unten Emma, die Mutter von Hans und Willi.

Lageplan der beiden Häuser in der Siedlung Eden, hell das von Willi Waloschek (Bild oben im Bau), dunkel schraffiert, das von Hans (später an seine Schwester Emmy übergeben).

Auf Parzelle 63 (rechts oben) wurde schon um 1922 die Holzhütte mit Schlafmöglichkeiten gebaut.

23

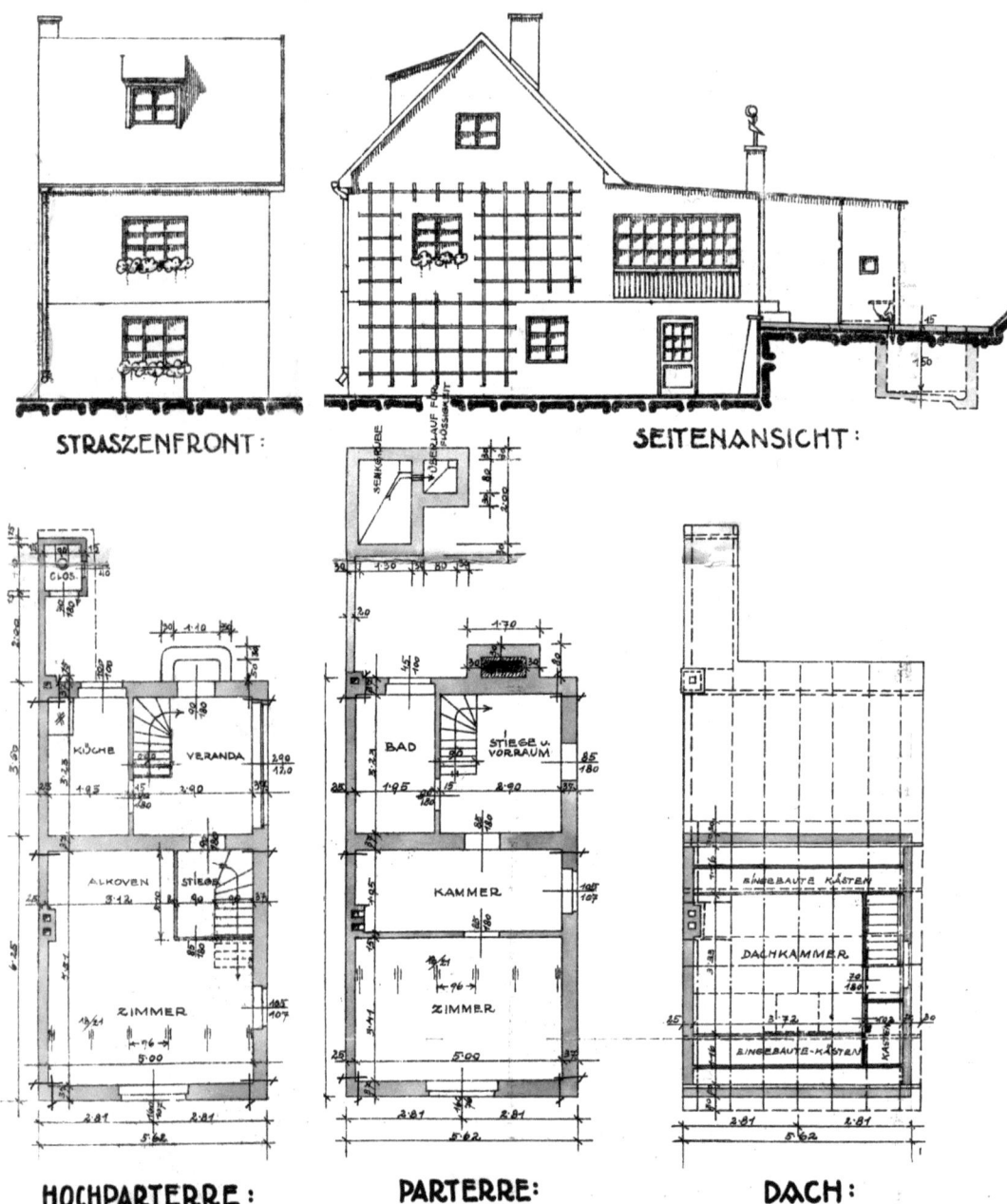

STRASZENFRONT:

SEITENANSICHT:

HOCHPARTERRE:

PARTERRE:

DACH:

Baupläne (1928) von Willi Waloschek für das Haus auf der Parzelle 63, das später Schwester Emmy gehörte. Bad und Küche waren für einen späteren Anschluss an die Kanalisation vorbereitet. Wasser holte man anfangs mit einer Handpumpe aus einem Brunnen hinter dem Haus. Das Klohäuschen (Außen!) lag direkt über der Senkgrube.

24

Siedlung Eden.
Die beiden Häuser von
Hans (rechts) und
Willi Waloschek in der
Mittelstraße 23 und 25.
Aufgenommen um 1930.

Hans Waloschek (links) vor einem
der „Kernhäuser" von Ernst Egli in
der Siedlung Eden.
Die Inneneinrichtung wurde von
Grete Lihotzky gestaltet.

25

Hans Waloschek hat auf der Ausstellung eine kleine **Holzhütte** vorgestellt, in der man mit wenigen Handgriffen bis zu vier herunterklappbare Schlafgelegenheiten (jeweils zwei übereinander) einrichten konnte. Dies hatte einen tieferen Sinn. Auf vielen Grundstücken (so auch in der Siedlung Eden) durfte man (wie schon erwähnt) anfangs keine Massivhäuser errichten, sondern nur „Geräteschuppen" aus Holz. Die ausgestellte Holzhütte konnte man als solchen deklarieren und später unbemerkt „umwandeln", wenigstens um dort zu übernachten.

Willi Waloschek hat auf der Ausstellung einen **Musterstall** für Kleintiere vorgestellt, wobei er sicher auch schon an sein zukünftiges Haus mit Garten in der Siedlung Eden dachte.

Unter den jungen und begeisterten Mitarbeitern des Siedlervereins war auch die kleine und temperamentvolle **Grete (Margarethe) Stark** (1902-1992). Sie war in der sozialdemokratischen Jugendbewegung aktiv, hatte mehrere Schulungskurse besucht, durfte Seminare über Sozialpolitik an der Universität Wien hören, war in der Siedlungs- und Kleingartenbewegung und hatte außerdem eine gute Ausbildung als Sekretärin. Sie war im Siedlerverein so etwas wie das Mädchen für alles.

Grete Stark wurde auch Mitglied der Siedlergemeinschaft Eden und hat ihre 2000 Pflichtstunden beigetragen. Sie befreundete sich mit Hans Waloschek. Die beiden haben später (1927) geheiratet. Grete hat in Waloscheks Leben eine wichtige Rolle gespielt, wie schon erwähnt, war sie seine Sekretärin, Verwalterin, Organisatorin und zusätzlich auch Hausfrau und Mutter für die beiden dann in Dresden geborenen Kinder Peter/Pedro (1929) und Erna Jutta (1931). Weniger begabt war sie im Umgang mit Geld, das sie allzugerne und etwas leichtfertig ausgab. Ihre vielen und langen Briefe enthalten einen guten Teil von dem, was heute über das Leben von Hans Waloschek bekannt ist.

Was die **politische Einstellung** betrifft, ist wohl zu bemerken, dass die meisten wenn nicht sogar alle Mitarbeiter des Siedlerverbandes aus den damaligen sozialdemokratischen und kommunistischen Lagern stammten. Sie haben sich anfangs noch ganz gut miteinander vertragen.

Otto Neurath wird von seinen Biografen oft als „extrem unorthodoxer Marxist" bezeichnet. Er leitete 1919 das Zentralwirtschaftsamt der ersten Münchner Räterepublik. Auch **Franz Schacherl** hat in der Räterepublik mitgewirkt. Neurath ist (laut Waloscheks Erinnerungen) danach nur knapp der Todesstrafe entgangen, wurde aber schließlich (wohl als harmloser Philosoph betrachtet) wegen „Beihilfe zum Hochverrat" nur zu eineinhalb Jahren Haft verurteilt und vor Ende der Strafe an Österreich „ausgeliefert".

Grete Lihotzky war 1921 noch Mitglied der damaligen „Sozialdemokratischen Partei Deutschösterreichs" (SPÖ). Sie wurde später eine begeisterte, ja sogar fanatische Kommunistin, ist 1939 der Kommunistischen Partei Österreichs (KPÖ) beigetreten und arbeitete dann auch im Untergrund gegen das Naziregime. Von einem Denunziant verraten wurde sie zu 15 Jahren Zuchthaus verurteilt, jedoch nach vier Jahren von den Alliierten befreit.

Grete Stark war eine gemäßigte aber überzeugte und begeisterte Sozialdemokratin. Sie stammte (nach ihrer Meinung) aus einer „echten" Arbeiterfamilie und betrachteten dagegen Grete Lihotzky und Otto Neurath politisch eher als Theoretiker oder als sogenannte „Salonkommunisten".

Hans Waloschek war erst im September 1923 in die SPÖ eingetreten und hat sich später nie über Politik geäußert. Seine Ideale als Architekt schienen ihm wesentlich wichtiger zu sein. Allerdings war er später (auch in Dresden) für seine Parteifreunde sehr aktiv, was aber eher menschliche Gründe hatte.

Mit Religion und Kirche hatte man in diesen Kreisen wenig im Sinn. Die meisten betrachteten sich als liberal, freidenkend und atheistisch. Hans Waloschek ist am 6. November 1922 aus der römisch-katholischen Kirche ausgetreten (allerdings dann 1935 wieder eingetreten).

Später gab es (laut Grete Waloschek) grundsätzliche Auseinandersetzungen unter den Genossen, besonders wegen der autoritär von oben dirigierten Planwirtschaft und Staatsform, die von den Kommunisten angestrebt wurde und die für demokratisch und eher liberal orientierte Sozialisten unvorstellbar war. Hans und Grete haben dann die Einstellung der Kommunisten sogar als sehr nahestehend zur Doktrin der Nationalsozialisten betrachtet und sich entsprechend (mit ihren sozialdemokratischen Kollegen) von ihren kommunistischen Freunden distanziert. So haben sie zum Beispiel in späteren Jahren nähere Kontakte mit Grete Schütte-Lihotzky gemieden.

Der Siedlerverband war auch ein beliebter Treffpunkt für Politiker, zu denen die späteren österreichischen Bundespräsidenten **Karl Renner** (1870-1950) und **Adolf Schärf** (1890-1965) zählten. Grete Stark-Waloschek erwähnte später, dass sie für Karl Renner oft und gerne Reden für das Parlament ausgearbeitet hat. Mit Adolf Schärf, den sie sehr bewunderte und verehrte, war sie bis zu seinem Tode in freundschaftlichem Briefkontakt.

Nach Hans Waloscheks Erinnerungen, wurden im Rahmen des damaligen Siedlungsverbandes bis 1925 mindestens 45 größere Siedlungen errichtet, mit insgesamt etwa 15.000 Wohneinheiten. Für die damalige Wohnungsnot war das allerdings nur wie ein Tropfen auf einen heißen Stein. Und die Tage des Siedlerverbandes waren dann auch schon gezählt.

Die Restbestände der „Kleingarten-, Siedlungs- und Wohnbauausstellung" am Wiener Rathaus wurden erst in ein „Museum für Siedlungs- und Städtebau" umgestaltet und Ende 1924 als „Gesellschafts- und Wirtschaftsmuseum" weitergeführt. **Otto Neurath** hat beide organisiert und geleitet und dabei allmählich den Siedlerverband verlassen. Die Gruppe um ihn gab es also nicht mehr und die Arbeit des Siedlerverbandes wurde bald danach eingestellt. Die daran beteiligten Architekten hatten sich anderwärtig orientiert oder in ihre eigenen Ateliers zurückgezogen.

Hans Waloschek wurde (aus Geldmangel) am 30. Juni 1925 mit einem guten Zeugnis vom ÖVSK entlassen. Er musste sich danach mit kleineren Aufträgen von Siedlungsgenossenschaften und ihm gut gesinnten Architekten durchschlagen, was nicht immer einfach war.

Grete Lihotzky ist Ende 1924 an Tuberkulose erkrankt (ihre Eltern sind daran gestorben) und musste bis August 1925 in eine Lungenheilanstalt. Im November 1925 wurde sie dann von dem bekannten Architekten **Ernst May** (1886-1970), den sie schon in Wien kennen gelernt hatte, ins Hochbauamt der Stadt Frankfurt am Main berufen, um mit ihm und seinem Team ihre modernen Vorstellungen über vorfabrizierte Bauelemente weiter zu entwickeln. Daraus entstanden dann unter anderem die so genannte „Frankfurter Küche" (Einbauküche) und die ersten Vorschläge für große Wohnhäuser aus standardisierten Elementen. Dieses Prinzip wurde später oft in den sogenannten „Plattenbauten" (im Osten) und „Wohnsilos" (im Westen) eingesetzt. Im Jahr 1927 haben Grete Lihotzky und der Architekt **Wilhelm Schütte** geheiratet. Sie gingen mit der Gruppe um Ernst May (ursprünglich 17 Architekten, „Brigade May" genannt) im Oktober 1930 von Frankfurt nach Moskau um neue Städte zu planen, wobei Grete Schütte-Lihotzky hauptsächlich als Spezialistin für Kinderanstalten mitwirkte.

Auch **Grete Stark** musste den Siedlerverband verlassen. Sie folgte ihrer Freundin Thilde Löffler in die Verwaltung einer Krankenkasse. Auch dort fand sie recht neue und interessante Aufgaben.

1.3 Über Berlin nach Dresden

Die wirtschaftliche Lage in Wien war 1926 nicht besonders gut. Der Bau von Siedlungen wurde stark eingeschränkt und Waloschek hatte nicht genügend Aufträge zum Überleben. Trotzdem konnte er mit Grete Stark eine schöne Reise nach Italien (Dolomiten) unternehmen und auch eine nach Deutschland. Von beiden sind nur Andeutungen bekannt.

Die Reise durch Deutschland und sein früherer Aufenthalt in Leipzig haben wohl wesentlich dazu beigetragen, dass Hans Waloschek Deutschland (also das „Reich", wie man in Österreich sagte), mit einer gewissen Bewunderung und mit Respekt betrachtete. Dort war alles sauberer und ordentlicher, eben besser, wie er meinte – und auch später oft wiederholte.

So beschloss Waloschek sein Glück in Deutschland zu versuchen. Die Reise dorthin führte ihn zuerst durch Holland, was ihm sicher von Grete Lihotzky warm empfohlen wurde. Sie hatte schon früher dort gearbeitet. Die damals neue Stilrichtung, mit einfachen Linien und rechteckigen, funktionellen Formen, konnte dort (aufgrund der besseren Wirtschaftslage) früher ausprobiert und eingeführt werden als in anderen europäischen Ländern. Es hat Hans wohl sehr beeindruckt. Er wollte mehr über die neu entwickelte Rationalisierung der Bautechnik erfahren und dabei auch den schlichten Baustil kennenlernen, der sich mehr nach der Funktion als nach dem Aussehen der Gebäude orientierte. Und all dies nicht gerade für Prunkbauten, sondern vorwiegend für das Wohnen und Leben der Durchschnittsbürger und auch für ihr Gemeinschaftsleben.

Aus einer „Eidesstattlichen Versicherung", die Hans Waloschek 1965 verfasst hat, stammt folgende Bemerkung: *„Auf der Suche nach einem Wirkungsfeld auf dem Gebiet des Wohnungs- und Siedlungswesens kam ich 1926 über Empfehlung des Bundes der Technischen Angestellten in Wien zu dem damaligen Direktor der gewerkschaftseigenen Deutschen Wohnungsfürsorgegesellschaft für Beamte, Angestellte und Arbeiter ‚Dewog' in Berlin, Herrn Architekten **Richard Linneke**, der mich an den Berliner Architekten **Willi E. Ludewig** als Mitarbeiter empfahl."*

Architekt **Willi Ludewig** (1902-1963, **s. Teil 2**) hatte gerade in der Köpenickerstraße 86/87 (Berlin S.0.16), sein neues, recht großzügiges Atelier eingerichtet und beschäftigte schon fünf Angestellte. Wie Ludewig in einem später erstellten Zeugnis bestätigt hat, war Hans Waloschek vom 15. Februar 1927 bis zum 29. Februar 1928 in seinem Berliner Büro als Architekt tätig. *„Er beschäftigte sich mit dem Entwurf und der Darstellung meiner Projekte für den Neubau der **Ortskrankenkasse in Brandenburg/H.** und zahlreiche Wohnungs- und*

Berlin 1927. Oben, Hans Waloschek (links) mit Freunden.
Rechts: Waloschek-Karikatur, gezeichnet von Willi Ludewig.

Hauptansicht

Havelansicht

Willi Ludewigs Projekt für die „Allgemeine Ortskrankenkasse Brandenburg a.d.H." und das „Wohlfahrtsforum", an dem Hans Waloschek mitgearbeitet hat **[Lu30]**.

*Siedlungsbauvorhaben, u.a. in **Brandenburg/H., Luckenwalde, Senftenberg, Guben, Velten, Gr. Räschen, Teltow, Frankfurt a/Oder.**"*

Im Nachlass Ludewigs erhaltene Pläne der Siedlung **Luckenwalde** sind von Waloschek unterzeichnet. Aus später erstellten Einkommenslisten ergibt sich, dass Waloschek bei Ludewig 600 RM im Monat verdient hat.

Ludewig war damals recht gut beschäftigt. Er hatte in Berlin und Umgebung mehrere Privatkunden, bekam aber seine umfangreichsten Aufträge (zum Planen und Bauen von Siedlungen und Wohnblocks) von Gemeinden, Genossenschaften und von gemeinnützigen Wohnungsbaugesellschaften die zur DEWOG-Gruppe gehörten oder von ihr unterstützt wurden. Er arbeitete eng mit dem schon erwähnten Architekten **Richard Linneke** (1900-1983, **s. Teil 2**) zusammen, wurde wohl als Vertrauensarchitekt der DEWOG betrachtet und in Schriftstücken „Genosse Architekt" genannt.

Als Richard Linneke 1925 eine leitende Stelle innerhalb der DEWOG-Organisation übernehmen sollte, hat er Willi Ludewig die weitere Planung und den Bau einer größeren Siedlung in Salzwedel (etwa 200 Wohnungen) übertragen, die er bis dahin privat als Architekt betreute. Die termingerechte Fertigstellung dieser modernen Siedlung war ein großer und wichtiger Erfolg für Ludewig. Er hat das Vorhaben als *„die erste deutsche Siedlung mit zentraler Fernheizung und Warmwasserversorgung"* bezeichnet **[Lu50]**.

Für die DEWOG-Gruppe arbeitete auch der Volkswirt Dr. **Ernst Bodien**, (1899-1968, **s. Teil 2**) der mit Ludewig aus früheren Jahren befreundet war. Bodien war im „Revisionsverband Gemeinnütziger Baugenossenschaften e.V." tätig, der die genannten Organisationen kontrollierte.

Es entstand bald eine enge, auch persönliche Beziehung zwischen **Ernst Bodien, Richard Linneke, Willi Ludewig, Hans Waloschek** und ihren Familien, die sich über ihr ganzes Leben erstreckt hat. Zu dem Kreis gehörten auch **Ernst Ludewig** (Bruder von Willi), Dr. **Alfred Gellhorn,** Architekt **Wils Ebert** (später Professor in Berlin) und die Herren **Otto Brenner** und **Peter Hinrichs**, die später in Briefen erwähnt werden. Die Liste ist nicht vollständig. Es gab wahrscheinlich noch weitere Freunde und Bekannte in dem Kreis, die den Krieg nicht überlebt haben oder aus anderen Gründen in Vergessenheit geraten sind.

Hans Waloschek hat später sehr begeistert vom damaligen Leben in Berlin berichtet. Aber er fühlte sich noch immer mit seiner Wiener Freundin Grete Stark verbunden und konnte sie (laut Gretes späterer Aussage) überreden, ihn zu heiraten. Die (weltliche) Hochzeit fand am 24. Dezember 1927 in Wien statt. Grete war davor aus der römisch-katholischen Kirche ausgetreten und somit wurden beide als „konfessionslos" in die Heiratsurkunde eingetragen.

Hans Waloschek hat 1927 bei Ludewig wertvolle Erfahrungen gesammelt, die ihm später recht nützlich waren. Und Ludewig war auch mit der Arbeit von Waloschek sehr zufrieden, wie er in dem schon im Vorwort erwähnten Zeugnis bescheinigt. Er fügte noch hinzu: *„Die Berufung in eine leitende Position in Dresden veranlasste Herrn Waloschek zum Verlassen meines Büros. / Ich wünsche ihm für seine Zukunft viel Glück"*

Am Aufbau der gewaltigen gewerkschaftseigenen Organisation **DEWOG,** die **„Deutsche Wohnungsfürsorge für Beamte, Angestellte und Arbeiter",** war Anfang der Zwanziger Jahre der bekannte Architekt Dr. Ing. **Martin Wagner** (1885-1957) maßgeblich beteiligt. Er war bis 1926 auch ihr Direktor.

Martin Wagner hatte schon mehrere große Siedlungen in Berlin gebaut und war von 1918 bis 1921 Stadtbaurat von Berlin-Schöneberg. Unter seiner Leitung wurden auch viele DEWOG-Niederlassungen und Tochterfirmen gegründet, so zum Beispiel in Hamburg, Königsberg, Breslau, Frankfurt/Main und München und später viele mehr. Einige führten dem Namen „GEWOG" mit entsprechender Ortsangabe, oder andere Namen. Auch neue „Bauhütten" wurden von der DEWOG eingerichtet, vor allem zur rationelleren Herstellung von Baumaterialien. Die Tätigkeit der Gesellschaften der DEWOG-Gruppe wurde von den sozialdemokratischen Gewerkschaften und von den ihnen nahe stehenden Banken tatkräftig unterstützt. Das Jahresprogramm der DEWOG im Jahr 1929 bestand zum Beispiel aus 8000 gebauten oder betreuten Wohneinheiten.

Zu den Aufgaben der DEWOG-Gesellschaften gehörte auch die Beratung und Betreuung von Kommunen und Genossenschaften bei der Planung, beim Bau und bei der Finanzierung neuer Wohnviertel, Siedlungen und Häuserblocks, die vor allem für größere Bevölkerungsschichten erschwinglich waren. Dabei wurde auch die Wirtschaftlichkeit gemeinsamer Einrichtungen berücksichtigt, mit denen die Lebensqualität verbessert werden konnte, wie zum Beispiel allgemein zugängliche Gärten, sogenannte „Volkshäuser" und (falls möglich) zentrale Wäscherei, Heizung und Warmwasserversorgung.

Martin Wagner hat mit berühmten Architekten zusammengearbeitet, so zum Beispiel mit **BAUHAUS**-Gründer **Walter Gropius**, mit **Hugo Häring**, **Mies van der Rohe**, **Hans Bernard Scharoun** und mit den Brüdern **Bruno und Max Taut**. In diesen Kreisen wurde viel über Rationalisierung des Wohnungsbaues und über modernen Baustil diskutiert, wohl im Rahmen der in der Architektur heute (wie schon erwähnt) als „Neue Sachlichkeit" oder als „Moderne" bezeichneten Bewegung (auch oft „BAUHAUS-Stil" genannt). Martin Wagner war politisch engagiert und außerdem ein guter und couragierter Redner.

Großsiedlung Dresden-Trachau. Blick in die Kirchhoffstraße (links, heute Richard-Rösch-Straße) gesehen aus der Kreuzung mit der Industriestraße. Waloscheks Wohnung war im 2. Stock (umrandet). Foto Pedro Waloschek 1999.

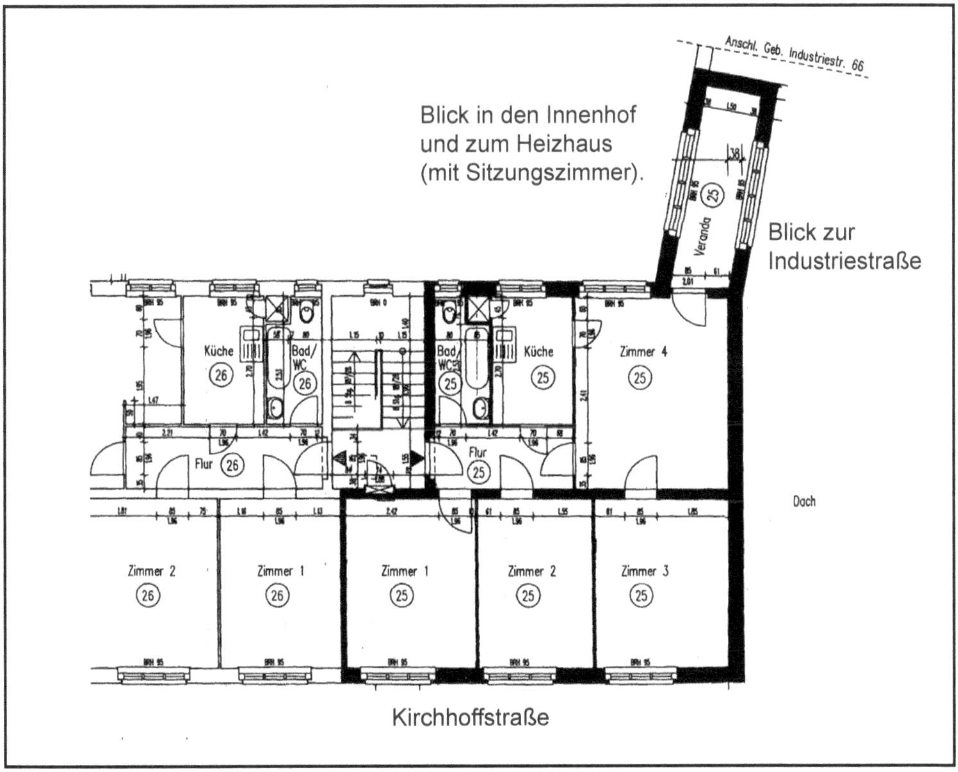

Blick in den Innenhof
und zum Heizhaus
(mit Sitzungszimmer).

Anschl. Geb. Industriestr. 66

Veranda 25

Blick zur
Industriestraße

Küche 26   Bad/WC 26   Bad/WC 25   Küche 25   Zimmer 4 25

Flur 26   Flur 25

Dach

Zimmer 2 26   Zimmer 1 26   Zimmer 1 25   Zimmer 2 25   Zimmer 3 25

Kirchhoffstraße

Grundriss der Wohnung der Waloscheks in der Kirchhoffstraße 2 (nach Sanierung, 1999).

33

Hans und Grete Waloschek 1927.   Hans Waloschek mit Sohn Peter 1930.

Er hat sich für die Ideale der Gewerkschaften und der Sozialdemokraten leidenschaftlich aber auch eigenwillig eingesetzt. Er ist aber 1931 aus der SPD ausgetreten. Von 1926 bis 1933 war er Stadtbaurat von ganz Berlin.

Als Martin Wagner dieses Amt antrat wurde sein langjähriger Assistent und Sekretär **Richard Linneke** sein Nachfolger als **Direktor der DEWOG**. Linneke hatte schon seit 1924 leitende Positionen in verschiedenen Organisationen, die der DEWOG nahe standen, so zum Beispiel in der **GEHAG („Gemeinnützige Heimstädten A.G.")**, die für Bauten in Berlin zuständig war und später als Direktor der **„Brandenburgischen Heimstätte GmbH"**, die Bauvorhaben in Brandenburg und Umgebung koordinierte und betreute. Linneke war auch 1927 bis 1930 Vorsitzender der **„DEWOG-Revisionsvereinigung"**.

Gegen Ende des Jahres 1927 wurde Hans Waloschek angeboten, vom Büro Ludewigs in die DEWOG zu wechseln, um eine weitere Tochtergesellschaft in Mitteldeutschland einzurichten und deren technische Leitung zu übernehmen. Es sollte eine recht gut dotierte Stelle sein. Mit diesen Aussichten haben Hans Waloschek und Grete Stark, wie schon erwähnt, Weihnachten 1927 geheiratet.

34

Grete Waloschek mit Peter bei einem Ausflug im „blauen Auto" der GEWOG-Dresden im Jahr 1930. Im Hintergrund rechts das „Blaue Wunder".

Titelblatt eines Prospekts der GEWOG-Dresden aus dem Jahr 1931 mit einem Blick entlang der Industriestraße, von der Ecke der damaligen Kirchhoffstraße (heute Richard-Rösch-Straße) aus gesehen.

Ein Ausflug der GEWOG-Dresden in das nahliegende „Raupennest" im Jahr 1930. Im Kreis: Grete und Hans Waloschek

Am 1. März 1928 hat Hans Waloschek mit seiner Arbeit bei der DEWOG begonnen. Die neu zu gründende Tochtergesellschaft bekam den Namen **„GEWOG-Dresden" (Gemeinnützige Wohnung- und Heimstätten-Gesellschaft für Arbeiter, Angestellte und Beamte m.b.H.)**.

Waloschek wurde dafür mit einem Grundkapital von 5.000 RM von Berlin nach Dresden geschickt. Wie er später erzählte, wurde ihm der Betrag in Bar, in großen Scheinen in die Hand gedrückt und er hat damit in Dresden ein Konto bei der **„Arbeiterbank"** eröffnet (gemeint ist die 1924 gegründete „Bank der Arbeiter, Angestellten und Beamten AG"). Dabei hat er unter anderen den Bankangestellten und späteren Filialleiter **Walter Opitz** (1902-1987) kennen gelernt, der ihm sehr hilfreich war und mit dem er sein Leben lang in freundschaftlicher Verbindung blieb.

Hans Waloschek wurde technischer Leiter des Architekturbüros der neu gegründeten GEWOG-Dresden. Geschäftsführer wurde der bekannte Dresdner Kommunalpolitiker **Richard Rösch** (1874-1936, **s. Teil 2**). Der Aufsichtsrat bestand aus Vertretern des Gewerkschaftsbundes und einiger gemeinnützigen Siedlungs- und Wohnungsbauorganisationen. Den Vorsitz hatte der Abgeordnete **Karl Arndt** (1886-1948). Die Nachnamen weiterer Mitglieder hat Horst R. Rein (1936-2006) im Nachlass von Richard Rösch gefunden: **Geiser, Seidel, Finsterbusch, Drügemüller** und **Stein**. Besonders mit **Hans Geiser** und seiner Familie hatten die Waloscheks engeren Kontakt.

Wie Dipl.-Ing. Karl-Heinz Löwel herausfand, wurde am 7. Mai 1928 die neue Firma GEWOG-Dresden ins Handelsregister Dresden eingetragen. Die Büros waren in der **Bürgerwiese 12**, nicht sehr weit von Waloscheks damaliger Privatwohnung in der **Rabenerstraße 19**.

Am 1. April 1930 wurde der Sitz der Firma nach Trachau verlegt (Dresden - N. 23, Kopernikusstraße 74, 1. Stock). Die Aufgaben wurden neu definiert: Hans Waloschek wurde Leiter der neu errichteten **„Zweigniederlassung Sachsen der DEWOG-Berlin"** (mit Sitz in Dresden), nun mit einer (auch neu gegründeten) **Nebenstelle in Leipzig**. Der Wirkungskreis erstreckte sich *„auf den Freistaat Sachsen, die Provinz Sachsen und Anhalt"*. Gleichzeitig wurde Waloschek **ehrenamtlicher Geschäftsführer der GEWOG-Dresden** in der **Richard Rösch** weiterhin hauptamtlicher Geschäftsführer blieb.

Durch politische und kriegerische Ereignisse sind viele Unterlagen der Bauten der GEWOG-Dresden und der Nebenstelle Sachsen der DEWOG-Berlin vernichtet worden. Allerdings konnte mit Hilfe einiger Freunde und Bekannten, ein Teil der realisierten Vorhaben identifiziert werden. Fotos und Pläne, die im Nachlass von Hans Waloschek erhalten sind, waren dabei sehr nützlich. Einige Daten über die von Hans Waloschek für die DEWOG und GEWOG-Dresden erstellten Bauten werden hier kurz zusammenfasst. Für eine ausführlichere Darstellung s. **[WP09]**. Als erstes werden hier die **Flachdachbauten** erwähnt (im Stil der „Neuen Sachlichkeit") und danach die eher im traditionellen Stil errichteten **Steildachbauten**.

Das **VOLKSHAUS RIESA** ist wohl vom historischen und künstlerischen Standpunkt das interessanteste Projekt von Hans Waloschek und der GEWOG-Dresden. Es handelt sich um eines der bemerkenswertesten Beispiele der „Neuen Sachlichkeit" oder des „BAUHAUS-Stils".

Bauherr war die besonders dafür im Januar 1928 gegründete **„Volkshaus Riesa GmbH"**, deren Geschäftsführer die Herren **Alfred Kiß** und **Oskar Waitz** waren.

Das Volkshaus beinhaltete unter anderem ein Kaffee-Restaurant, einen Festsaal, Büros, Sitzungsräume, eine Kegelbahn, Mannschaftsräume und Gästezimmer für einen hotelartigen Betrieb. Es wurde am 1. März 1930 feierlich eingeweiht. Eine sehr genaue Beschreibung des Volkshauses mit vielen Abbildungen hat Hans Waloschek selbst verfasst und in der Broschüre zur Einweihung veröffentlicht **[Vo30]** (s. auch **[WP01]** und **[WP07]**).

Die GEWOG-Dresden hat 1931 (als „Bauherr") anschließend an das Volkshaus Riesa eine abgewinkelte **Wohnzeile** gebaut und 1932 noch eine Erweiterung dazu. Der ganze Komplex wurde 1933 von den Nationalsozialisten enteignet und nach dem Krieg als Kaserne für russische Soldaten benutzt. Es steht heute unter Denkmalschutz und war Anfang 2007 noch (in sehr schlechtem Zustand) erhalten. Zu der Zeit wurde aber mit der Renovierung und dem Umbau der Wohnzeilen begonnen **[Mu07]**.

BAUHAUS-Gründer **Walter Gropius** war mit dem bekannten Dresdner Baurat **Paul Wolf** (s. **[BR91]**) als Schiedsrichter in einem Wettbewerb für Vorschläge für eine Neugestaltung der Gegend zwischen dem Riesaer Bahnhof und dem Volkshaus beteiligt, der allerdings nie realisiert wurde. Das Volkshaus Riesa war in die Neugestaltung schon einbezogen und es ist deshalb kein Zufall, dass es ganz nach den Kriterien der „Neuen Sachlichkeit" errichtet wurde.

Großsiedlung Dresden-Trachau, 1999

Auch bei der ursprünglichen Planung der **Großsiedlung Dresden-Trachau** hat **Paul Wolf** aktiv mitgewirkt. Die Siedlung wird heute als das bekannteste Beispiel der „Moderne" oder des „Neuen Bauens" in Dresden betrachtet (s. z.B. „Archinform" im Internet). Es handelt sich um das Areal zwischen der **Industriestraße**, der **Aachener Straße**, der **Schützenhofstraße** und der damaligen **Kirchoffstraße** (heute **Richard-Rösch-Straße**).

Teile dieser Siedlung, dessen verbindlicher Bebauungsplan 1928 erstellt wurde, sind schon ab 1927 vom Architekten **Hans Richter** (1882-1971) geplant und gebaut worden und vom Dresdner Architekturbüro **Schilling & Graebner**. Die Planung und der Bau weiterer Teile waren dann das umfangreichste Vorhaben der **GEWOG-Dresden**.

Als Auftraggeber („Bauherren") waren neben der **GEWOG-Dresden** auch der „Allgemeiner Sächsischer Siedlerverband e.V." (**ASSV**), die unabhängige **GEWOBAG** („Gemeinnützige Wohnungsbau-Aktiengesellschaft Dresden") und die **Bauhütte Dresden** tätig. Die Zuordnung der verschiedenen Teile der Großsiedlung zu Bauträgern und Architekturbüros konnte 1996 von Dipl.-Ing. **Karl-Heinz Löwel** klargestellt werden (s. **[Lo96]**, **[Lo97]** und **[Lo00]**).

Mit Ausnahme der ersten (in der Aachener Straße) erstellten Bauten wurden in der Siedlung (laut Bebauungsplan) durchgehend Flachdächer eingesetzt, was für Dresden ein sehr umstrittenes Novum war.

Da den Einwohnern eine große und moderne **Wäscherei** mit Einrichtungen zum Trocknen und Bügeln zur Verfügung stand, waren die traditionellen Dachböden (zum Trocknen der Wäsche) und die Waschküchen (im Keller) nicht mehr nötig und wurden in den von Waloschek geplanten Gebäuden weggelassen. Die Wohnblocks wurden außerdem von zwei zentralen Anlagen mit **Fernheizung** und **Warmwasser** versorgt.

Häuser an der Sonnenlehne, 1929

Die langen Wohnzeilen der Großsiedlung Dresden-Trachau wurden zwischen 1996 bis 1999 von einer, von den Bewohnern selbst dafür gegründeten, **„Wohnungsgenossenschaft Trachau-Nord eG" (WGTN)** vollständig saniert und an die heutigen Bedürfnisse angepasst. Die Fassaden wurden mit wissenschaftlicher Beratung der TU-Dresden originalgetreu wieder hergestellt, einschließlich ihrer ursprünglichen (damals sehr sorgfältig gewählten) Farben (s. **[St00]**).

Die **Häuser an der Sonnenlehne** entlang der Schützenhofstraße bilden die nördliche Grenze der Großsiedlung Dresden-Trachau. Es handelt sich um eine Reihe von 14 relativ anspruchsvollen Häusern mit je 4 unabhängigen Wohneinheiten, die wegen ihrer Hanglage ihren Namen erhalten haben und später auf Grund ihrer Flachdächer scherzhaft „Vogelbauer" genannt wurden (s. **[WH29]**, **[WH31]** und **[WH32]**).

Diese Häuser sollten laut Bebauungsplan im modernen Stil der Großsiedlung Trachau errichtet werden. Die Planung und den Bau übernahm 1928 die GEWOG-Dresden für Mitglieder der **„Siedlergemeinschaft Sonnenlehne im ASSV"**. Die Einwohner durften auch die zentrale Wäscherei der Großsiedlung benutzen. Die Häuser waren Privateigentum der Siedler und blieben es bis heute. Sie befinden sich in gutem Zustand (s. **[AS30]**).

Die GEWOG-Dresden hat die Bewohner der Großsiedlung Trachau und der Häuser an der Sonnenlehne auch bei der Einrichtung ihrer Wohnungen beraten und unterstützt. So wurden nach modernen Methoden erstellte Möbel zu vernünftigen Preisen angeboten, zum Beispiel aus den **„Deutschen Werkstätten" in Hellerau**. Darunter waren auch Küchenmöbel, die den von

Grete Schütte-Lihotzky eingeführten praxisgerechten Kriterien weitgehend entsprachen. Es waren allerdings keine Einbaumöbel, wie sie Schütte-Lihotzky bevorzugte. Die Gebäude der Großsiedlung Trachau und die Häuser an der Sonnenlehne wurden schon zu DDR-Zeiten (1985) unter **Denkmalschutz** gestellt. Sie zählen nach Meinung vieler Experten zu den Höhepunkten der Architekturgeschichte Deutschlands des 20. Jahrhunderts. Die wiederhergestellte Großsiedlung Dresden-Trachau ist schon heute eine Sehenswürdigkeit für Architekten und Kunsthistoriker.

Die Stadtverwaltung Meißen hat auf Anfrage und nach umfangreichen Recherchen feststellen können, dass es sich bei der sogenannten **Jahrtausendsiedlung in Meißen-Bohnitzsch** um ein recht anspruchsvolles Projekt der GEWOG-Dresden handelte, das aber nur zu einem Teil vor 1933 realisiert wurde. Eine lange Wohnzeile entlang der **Großenhainerstraße** (Bild) und eine kürzere, entlang des **Dieraer Weges**, konnte **Karl-Heinz Löwel** schon vorher als von Hans Waloschek gebaut identifizieren. Weitere Information darüber hat Dr.-Ing.

Jahrtausendsiedlung in Meißen

Claus-Dirk Langer in seinem im Jahr 2006 erschienenen **„Architekturführer Meißen" [La06]** veröffentlicht.

Neben den beiden oben genannten Wohnzeilen kommen noch sechs kleinere Gebäude entlang der **Tzschuckestraße** hinzu, die alle im modernen (und damals recht kontroversen) Stil der „Neuen Sachlichkeit" errichtet wurden. Es handelt sich um Kleinstwohnungen, die im Rahmen des "Reichs-Notprogramms" und nach dem Grundprinzip der Großsiedlungsblocks (s. Dresden-Trachau) gebaut wurden. Die Wohnzeile entlang der Großenhainerstraße wurde 1992 saniert und restauriert. Die Nach 1933 erstellten Siedlungsteile wurden im „traditionellen" Stil gebaut, ohne die ursprüngliche Planung zu berücksichtigen.

GEWOG-Häuser in Gittersee

Nach den Kriterien der Neuen Sachlichkeit wurden von der GEWOG auch zwei Mehrfamilienhäuser in **Dresden-Gittersee** erstellet. Herr **Gert-R. Lechner** (Dresden-Coschütz) konnte sie in der Karlsruher Straße 128 und 130 identifizieren und hat freundlicherweise Fotos davon zur Verfügung gestellt.

Die weiteren hier erwähnten Bauten wurden unter der Leitung von Hans Waloschek im **traditionellen Stil** (mit Steildach) errichtet. Sie entsprachen den damals üblichen Bauvorschriften, wurden aber (im Sinne der Siedlerbewegung) sehr funktionell geplant und relativ komfortabel ausgestattet.

Ossietzkystraße

Dr.-Ing. **Claus-Dirk Langer** konnte einige schlechte Archivbilder, auf denen der Schriftzug **„Spar- und Bau-Genossenschaft - Meissen erbaut"** erkennbar war, mit großer Wahrscheinlichkeit einem Gebäude in der Ossietzkystraße 47-49 in Meißen-Triebischtal zuordnen. Es ist nicht klar ob diese Häuser noch vor 1933 fertiggestellt wurden.

Düsseldorfer Straße

Zu den eindeutig von Herrn Löwel identifizierten GEWOG-Bauten gehört eine Siedlung mit 69 Wohneinheiten, die für den **„Siedlerverein Dresden-Löbtau im ASSV"** an der Düsseldorfer Straße in Dresden-Wölfnitz 1928 errichtet wurde. Genauere Daten über diese Häuser wurden freundlicherweise von **Dr.-Ing. Ludwig Jenchen** zur Verfügung gestellt. Die recht komfortablen Häuser wurden im traditionellen Stil erstellt (Steildächer), hatten zwei Stockwerke, Keller (mit Waschküche) und Dachboden. Die Häuser waren an die städtische Entwässerungsanlage angeschlossen. Auf Wunsch konnte Zentralheizung eingebaut werden.

Poisenweg, 1999

Eine weitere von Architekt Karl-Heinz Löwel identifizierte Siedlung ähnlicher Art entstand am Poisenweg in Dresden-Coschütz für den **„Kriegerheimstättenverein"**. Baupläne eines der Häuser wurden freundlicherweise von Herrn **André Greif** zur Verfügung gestellt.

Volkshaus Schönheide, um 1930

Das **Volkshaus Schönheide** entspricht (bis auf das Steildach) dem modernen und funktionellen Stil des Architekten Hans Waloschek. Ausführliche Information über dieses Bauwerk wurde freundlicherweise von Herrn **Michael Härtel**, Amtsleiter der Bauverwaltung der Gemeinde Schönheide im Erzgebirge, Landkreis Aue-Schwarzenberg zur Verfügung gestellt. Die mit „August 1929" datierten Baupläne befinden sich bei der genannten Behörde. Darin wird es als „Sechsfamilien-Wohnhaus" bezeichnet und auch als „Arbeiterheim Schönheide". In Schriftstücken der GEWOG wird es „Volkshaus Schönheide" genannt. Bauherr war der **„Sport- und Arbeiterheim e.V. / Schönheide, Erzgeb."**. Für Entwurf und Bauleitung firmiert die „GEWOG-Dresden" mit einem Stempel und der Unterschrift „Waloschek". Das Gebäude entsprach der Funktionalität eines kleineren Volkshauses und war sehr modern konzipiert. Nur das Steildach entsprach nicht den damaligen BAUHAUS-Vorstellungen. Es wurde 2001 vollständig umgebaut und modernisiert.

Einige erhaltene Fotos aus dem Nachlass von Hans Waloschek mit den Beschriftungen **„Riesa: Städtischer Wohnungsbau"** und **„Riesa: Spar- + Baugenossenschaft Riesa-Gröba"** konnte **Karl-Heinz Löwel** identifizieren und Lageplänen aus seinem Archiv zuordnen. Es handelt sich um Erweiterungsbauten von zwei Wohnblocks, der eine an der **Ost-Straße** (zwischen

Riesa-Gröba, um 1930

Stein-Straße und Mozart-Straße) und der zweite an der Ecke **Schiller-Straße** zur **Kasernenstraße** (heute Heinrich-Heine-Straße). Die Riesear Journalistin **Heike Berthold** hat die Gebäude auf den Fotos auch erkannt und freundlicherweise eine Besichtigung ermöglicht. Die Häuser befinden sich (äußerlich) in perfektem Zustand. Frau Berthold erwähnte, das möglicherweise noch weitere Bauten in Riesa von der GEWOG durchgeführt wurden

In den DEWOG und GEWOG-Entlassungszeugnissen von Hans Waloschek wird erwähnt, dass er den Bau der **„Siedlung Dessau-Törten"** geleitet hat. Auf Anfragen von Karl-Heinz Löwel konnte das Stadtarchiv Dessau klarstellen, dass es sich dabei um sieben dreigeschossige Häuserblocks in der Heidestraße 101 bis 135 handelt, für die als Bauträger erst die Zweigniederlassung Sachsen der DEWOG eingetragen war und später die **MIWOG** („Mitteldeutsche Wohnungsfürsorge G.m.b.H."). Mit der Planung wurde der Architekt **Richard Paulick** (1903-1979) beauftragt. Für die Ausführung und Bauleitung blieb jedoch die DEWOG zuständig. Die Häuser wurden nach 1933 mit Steildächern (und zusätzlichen Wohnungen) erweitert.

Freiberg, Moritz-Braun-Straße

Von einem „Mehrfamilienhaus" in **Freiberg**, in der **Moritz-Braun-Str.** existiert nur ein Baufoto. Ein in der äußeren Form und Lage entsprechendes Gebäude (und einige ähnliche in der gleichen Straße) findet man in Google-Satellitenaufnahmen.

Viele der in einigen Schriftstücken erwähnten Bauten von Hans Waloschek (im Rahmen der GEWOG-Dresden und der DEWOG) konnten bis jetzt noch nicht identifiziert werden, so zum Beispiel Vorhaben in **Plauen, Chemnitz, Lugau, Stollberg, Weissenfels** und **Rosswein.**

Nach den vorhandenen Unterlagen kann man davon ausgehen, dass insgesamt unter der Leitung und nach Entwürfen von Hans Waloschek in Mitteldeutschland etwa **1270 Wohneinheiten** gebaut wurden, die meisten in Mehrfamilienhäusern, aber darunter auch **170 Einfamilienhäuser** in Siedlungen.

Die Höchstzahl der ihm unterstellten Arbeiterschaft bei der DEWOG (Zweigniederlassung Sachsen) war: **30 Angestellte, davon 21 Architekten und Bauleiter und 9 Bürokräfte**. Auf den Baustellen waren, saisonbedingt, bis zu **1000 Bauarbeiter** tätig, die Bauhilfs- und Nebenbetriebe nicht mitgerechnet. Bei der DEWOG-Dresden und einigen angeschlossenen Tochtergesellschaften waren in der Hausverwaltung und Betrieb zusätzlich 10 weibliche und 5 männliche Kräfte beschäftigt.

Es gab einen Wagen (samt Fahrer und Garage) mit dem Waloschek seine Bauten, Behörden und Kunden besuchte, den er aber auch privat benutzten durfte.

Hans Waloschek war immer sehr stolz auf den Erfolg der DEWOG/GEWOG Gesellschaften in Dresden. Mit einem Anfangskapital von nur 5000 Reichsmark wurden gut funktionierende und schnell wachsende Unternehmen aufgebaut, in einer eigentlich durch Wirtschaftskrise und Notprogramme gekennzeichneten Zeit.

Hauptgrund des Erfolges war laut Waloschek die **Gemeinnützigkeit**: Es mussten keinerlei Gewinne an die Muttergesellschaft, an Aktionäre oder an andere Träger abgegeben werden. Da die Finanzlage gesund war, haben die Banken (besonders die Arbeiterbank) gerne bei der Vorfinanzierung und bei den eventuell nötigen Hypotheken geholfen.

Die Einnahmen stammten aus den Mieten der Wohnungen (die von der GEWOG-Dresden verwaltet wurden) und aus den Honoraren für die Planung und Bauleitung neuer Vorhaben. Die dabei entstehenden Überschüsse wurden in neue Bauten investiert.

Solange die Kapazitäten der GEWOG/DEWOG ausreichten, wurden die anfallenden Arbeiten von den eigenen Angestellten durchgeführt. Waloschek selbst erhielt monatlich ausschließlich ein festes Gehalt von 900 RM und eine Aufwandsentschädigung von 300 RM. Er war an den Architektenhonoraren nicht beteiligt und hatte zu der Zeit auch keine Privatkunden.

Hans Waloschek konnte damals aus guten Gründen auf eine erfolgreiche Laufbahn als Architekt in Deutschland vorausblicken. Er und seine Frau Grete fühlten sich wohl in Dresden. Die Stadt und ihr kulturelles Angebot fanden sie wunderbar und sie hatten bald einen netten Freundeskreis. Schon im April 1930 waren sie in eine schöne Wohnung in der Großsiedlung Dresden-Trachau gezogen (**Kirchhoffstraße, heute Richard-Rösch-Straße 2, II. Stock, rechts**) und hatten sich dort mit modernen Möbeln eingerichtet. Ihre beiden Kinder wurden in Dresden geboren: Peter/Pedro (1929), der als erstes (zur Verzweiflung der Wiener Familie) nur Sächsisch sprach, und Jutta (1931), die es lernte. So beantragte Hans Waloschek am 27. August 1932 für sich und seine Familie die **deutsche Staatsbürgerschaft**.

Kommunalpolitiker **Richard Rösch** war auch in die damalige **Kirchhoffstraße** (Nr. 40 im 2. Stock) in Trachau übersiedelt. Die Büros der GEWOG-Dresden und der Zweigniederlassung Sachsen der DEWOG wurden (wie schon erwähnt) am 1. April 1930 auch in die Großsiedlung verlegt.

Waloschek blieb in Verbindung mit **Otto Neurath**, der zwischen 1931 und 1934 einen guten Teil seiner Zeit in **Moskau** verbrachte. Dort hat Neurath unter anderem ein Institut gegründet („ISOSTAT"), in dem seine Ideen zur Darstellung statistischer Vorgänge weiter entwickelt wurden. Schon ab 1930 war auch Grete Schütte-Lihotzky (wie schon erwähnt) mit der Gruppe um Ernst May in Moskau tätig. Sie glaubten alle fest an den Erfolg der kommunistischen Grundgedanken.

Wie Hans Waloschek später erzählte, war es Otto Neurath, der ihm nahegelegt hat, sich die interessanten Möglichkeiten der Architektur anzusehen, die es damals nur in der Sowjetunion gab. Im Jahr 1932 fuhr Hans Waloschek nach Moskau, wo er von Otto Neurath in seinem geräumigen Atelier, mit schönem Blick über die Stadt Moskau, freundlich empfangen wurde.

Es ist sehr wahrscheinlich, dass Waloschek damals auch andere Mitglieder der Gruppe um Ernst May in Moskau getroffen hat, aber darüber gibt es nur vage Vermutungen. Grete Schütte-Lihotzky war (nach eigener Aussage) damals gerade nicht in Moskau.

Waloschek ließ sich in Moskau über mehrere Projekte informieren und fand dabei bald heraus, dass das bürokratische und von oben gelenkte System sehr schlecht und vor allem sehr unwirtschaftlich funktionierte. Viele offensichtliche Fehlplanungen bestätigten seinen Verdacht, dass der Kommunismus auf dem falschen Weg war und das dies nur durch übertriebene Propaganda vertuscht wurde.

Zur Unfähigkeit der damaligen Sowjetverwaltung erzählte Waloschek, dass er nur mit viel Mühe einen ihm bekannten Architekten finden konnte. Dieser wohnte nämlich am Rande Moskaus in einer Erdhöhle. Er holte regelmäßig sein gutes Gehalt ab und war irgendwie vergessen worden. Man hatte ihm weder Arbeitsstelle noch Wohnung zugewiesen.

Waloschek kam also recht enttäuscht nach Dresden zurück. Er erwähnte später, dass er irgendwann tatsächlich darüber nachgedacht hatte, bei einer Machtübernahme der Nationalsozialisten eventuell in die Sowjetunion zu emigrieren. Diese Alternative hat er nach seinem Besuch in Moskau endgültig verworfen, was sich als richtig erwies, denn wenige Jahre danach haben Otto Neurath, Grete Schütte-Lihotzky und viele andere, aus Furcht vor den stalinistischen Säuberungsaktionen, die Sowjetunion mehr oder weniger freiwillig (oder sogar fluchtartig) verlassen.

1.4 Untergang und Flucht

Es muss im **September oder Oktober 1932** gewesen sein. Die Angelegenheit war so wichtig und so geheim, dass ein persönlich bekannter Vertrauensmann der DEWOG-Berlin nach Dresden kam um Hans Waloschek Mitteilungen zu machen, über die man (wie er später berichtete) *„selbst am Telefon nicht sprechen durfte".*

Es handelte sich um die politische Lage, nachdem schon bei den Wahlen vom 31 Juli 1932 die NSDAP stärkste Fraktion im Reichstag wurde.

Kernpunkt der Nachricht für Waloschek war, dass Partei (SPD) und Gewerkschaften die von Hitler angestrebte Machtübernahme als unaufhaltbar betrachteten und dass danach eine Enteignung oder Schließung der Gewerkschaften, der SPD und aller ihnen nahestanden Organisationen stattfinden würde.

Es ging nun darum, die dadurch entstehenden Konsequenzen zu ziehen und eventuell für die Zeit nach Hitler vorzusorgen. Nach der damaligen Meinung vieler überzeugter Demokraten (und auch von Hans und Grete Waloschek) würde sich eine nationalsozialistische Regierung keinenfalls sehr lange halten. Und nun sollte sie erstmal zeigen, was sie konnte!

Als eine der Vorsorgemaßnahmen sollte verhindert werden, dass gut funktionierende und profitable Baugesellschaften und ihre Kunden oder Auftraggeber durch die erwarteten Enteignungen in die Hände der Nationalsozialisten fallen.

Es wurde also beschlossen, die **„Niederlassung Sachsen der DEWOG-Berlin"** am 31. Oktober 1932 vollständig zu schließen und dabei wahrscheinlich auch die Nebenstelle Leipzig.

Außerdem sollte die Bautätigkeit der **GEWOG-Dresden** Ende Oktober 1932 eingestellt und ihr Architekturbüro geschlossen werden. Zur Verwaltung der vielen Mietwohnungen würde die GEWOG-Dresden (oder eine gleichnamige Tochtergesellschaft) allerdings weiter erhalten bleiben.

Hans Waloschek würde seine Tätigkeit bei der GEWOG-Dresden und DEWOG aufgeben und die bestehenden und zu erwartenden Bauaufträge so weit wie möglich als **selbständiger Architekt** weiterführen oder übernehmen, etwa so wie es Willi Ludewig in Berlin schon seit Jahren praktizierte. Es bestand ja die Hoffnung, dass ein privates Architekturbüro nicht enteignet werden kann!

So wurden Ende Oktober 1932 die Arbeitsverhältnisse von Hans Waloschek mit der GEWOG-Dresden und der DEWOG-Berlin aufgelöst und ihm zwei sehr gute **Zeugnisse** ausgestellt in denen seine Tätigkeit und seine wichtigsten Bauten lobend erwähnt werden.

Hans Waloschek hat sich danach sofort als freischaffender Architekt angemeldet und mit der Adresse und Telefonnummer seiner Trachauer Privatwohnung (**Dresden-N. 23, Kirchhoffstraße 2**) Briefpapier und Stempel herstellen lassen. Er trat auch (laut Mitgliedskarte 1933) dem **Deutschen Werkbund** bei, was allerdings heute nicht mehr bestätigt werden konnte. Es wurde sogar ein zünftiger Zeichentisch in die geräumige Wohnung gestellt.

Tatsächlich konnte Waloschek einige der damaligen Bauvorhaben der DEWOG und der GEWOG-Dresden übernehmen und weiter führen. Es handelte sich angeblich um etwa **20 Wohneinheiten** in Ein- und Mehrfamilienhäusern im konventionellen Stil (also mit Steildächern) von denen bis jetzt nur drei (in Dresden-Omsewitz) identifiziert werden konnten. Außerdem wurde über ein größeres Projekt für den **Siedlerverein Löbtau** verhandelt, das dann gar nicht mehr realisiert wurde. Bei einigen weiteren recht bescheidenen Vorhaben handelte es sich um Umbauten, die dann wahrscheinlich nie stattgefunden haben.

Am 30. Januar 1933 wurde Adolf Hitler vom Reichspräsidenten Hindenburg zum Reichskanzler ernannt und mit der Regierungsbildung beauftragt. Nachdem angeblich die Kommunisten für den Reichstagsbrand am 27. Februar verantwortlich waren, nahmen die mit Gummiknüppel und Revolver bewaffneten Schlägertrupps der NSDAP (**SA**, **SS** und **Stahlhelm**) im Rahmen einer „Notverordnung" viele tausende von politischen Feinden (besonders natürlich Kommunisten) in sogenannte **„Schutzhaft"**.

Bald waren alle verfügbaren Gefängnisse überfüllt und es wurden im März **Konzentrationslager** eingerichtet – das erste in der Nähe von Dachau und gleich danach weitere um Berlin. Der am 5. März gewählte Reichstag (in dem die Mandate der kommunistischen Abgeordneten aberkannt wurden) beschloss am 23. März 1933 mit großer Mehrheit das **„Ermächtigungsgesetz"**, das der Regierung erlaubte für vier Jahre ohne Parlament zu regieren. Als eine der ersten Maßnahmen wurde den Ländern ihre Autonomie entzogen. Der Antisemitismus wurde praktisch zur Staatsdoktrin erklärt.

In dieser angeheizten Atmosphäre wurde im März und April 1933 Waloscheks Wohnung mehrmals von bewaffneten SA-Leuten durchsucht. Es ging den Machthabern damals vor allem darum, eventuell noch vorhandene Unterlagen über die Bautätigkeit der DEWOG und GEWOG und ihren Geschäftspartnern zu finden. Auch die Büroräume der GEWOG in der Kopernikusstraße wurden besetzt. Wie Historiker Horst R. Rein von Zeitzeugen erfahren hat, wurde das Mobiliar und alle Akten aus dem Fenster geworfen und vernichtet.

Im März 1933 wurde der Geschäftsführer der GEWOG-Dresden **Richard Rösch** von bewaffneten SA-Leuten und Polizei in seiner Wohnung abgeholt und verhaftet **(s. Teil 2)**. Er wurde dabei brutal misshandelt, blutete am Kopf, mußte durch die Straßen der Siedlung vor Bajonetten herlaufen und dabei immer wieder die Hände hochhalten. Richard Rösch wurde als todkranker Mann entlassen. Vorher musste er unterschreiben, daß er gut behandelt wurde und dass er niemanden etwas über seine Haft erzählen würde.

Obwohl Richard Rösch sehr schwach war und anscheinend einen Herzinfarkt erlitten hatte, ließ er sofort nach seiner Rückkehr Hans Waloschek zu sich rufen um ihm genau über die vielen Verhöre und über die erlittenen Misshandlungen zu berichten. Erst war er mehrere Stockwerke unter der Erde im Keller einer Zeitungsdruckerei eingesperrt, wo ihm unter anderem einmal mitgeteilt wurde, dass er zum Tode verurteilt war und am nächsten Morgen hingerichtet werden sollte. Dabei wurde dann daneben geschossen und er kam wieder in seine winzige Zelle, in der er nur stehen oder hocken konnte.

Es sollte wohl klar gezeigt werden, was die Gegner der Nationalsozialisten zu erwarten hatten. Die Schilderungen von Richard Rösch haben Hans Waloschek tief beeindruckt und er hat gelegentlich darüber erzählt, wobei er sich immer sehr aufregte, aber dabei nie ausdrücklich den Namen Rösch genannt hat. Richard Rösch starb drei Jahre später, sehr wahrscheinlich an den Folgen der erlittenen Misshandlungen.

Waloschek ging es etwas besser, wie er später schilderte. Er wurde auch in seiner Wohnung abgeholt, musste vor Bajonetten durch die Siedlung her marschieren, allerdings nur in eine Polizeistation. Gestapo-Agenten, die in der Großsiedlung wohnten und ihn kannten, hatten ihn wegen seiner **„semitischen Architektur"** angezeigt. Gemeint waren die Trachauer Flachdächer. Die Gegend wurde damals (und gelegentlich auch noch heute) als **„Neu-Jerusalem"** verspottet.

Auf der Polizeistation erkannte Waloschek unter den noch recht unerfahrenen Gestapo-Agenten (die ihn ja angezeigt hatten) einige Bewohner der GEWOG-Häuser, die (als Arbeitslose) ihre Miete schon lange schuldig waren. Und von zwei wusste er, dass sie früher auch ein KPD-Parteibuch hatten! Die Polizei war damals noch nicht „gleichgeschaltet" und der leitende Beamte, der Waloschek von früher kannte und ihm gut gesinnt war, nutzte die peinliche Lage der Gestapo-Agenten, um ihn mit dem Vorwand seiner österreichischen

Staatsbürgerschaft wieder freizulassen. Vorher bat er ihn, eine Truhe mit den in seiner Wohnung beschlagnahmten Büchern und politischem Propagandamaterial doch möglichst bald zu vernichten. Ein Kartenspiel mit Hitler als Joker hat er zur Erinnerung behalten.

Die SA- und Gestapo-Leute wussten damals offensichtlich nichts von Waloscheks politischer Tätigkeit für den **Allgemeinen Deutschen Gewerkschaftsbund** (Funktionär) und als bewaffnetes Mitglied der sozialdemokratischen Organisation **„Reichsbanner Schwarz-Rot-Gold"**. Er hatte sich dafür sogar einen Revolver zugelegt, *„zur Verteidigung der demokratischen Institutionen"*, wie er später meinte.

Gleich neben der großen Wäscherei der Siedlung Trachau gab es ein geräumiges Sitzungszimmer, das auch als Wartesaal benutzt wurde. Hier fanden Versammlungen verschiedenster Art statt, auch einige des „Reichsbanners Schwarz-Rot-Gold". Die Wohnung der Waloscheks am südlichen Ende der Siedlung war ein sehr geeigneter Beobachtungspunkt mit Blick über die Industriestraße und hinten zur Wäscherei. Wenn SA, SS oder Polizei im Anmarsch waren, wurden die Teilnehmer anfangs telefonisch, später per Winkzeichen vor der Gefahr gewarnt und konnten so vor dem Eintreffen der „Feinde" verschwinden, wie Grete Waloschek, die meist als „Ausspäherin" diente, später berichtet hat.

Grete Waloschek erzählte auch von einem Flüchtling, der in ihrer Wohnung im 2. Stock übernachten wollte, was irgendwie der Gestapo bekannt wurde. Mitten in der Nacht erschien Polizei und SA und es wurde mit viel Geschrei an der Eingangstür im Erdgeschoß geklingelt und geklopft. Der Verfolgte war so aufgeregt, dass er nicht in sein Hemd fand. Mit viel Hilfe ist er schließlich an einer Regenrinne in die Gärten im Hinterhof geklettert und rechtzeitig verschwunden. Er hat dann eine verschlüsselte Dank-Postkarte aus Paris geschickt.

Und er war nicht der einzige, dem damals zur Flucht geholfen wurde. Viele wurden zum Beispiel mit dem Wagen zur tschechischen Grenze oder zum „untertauchen" nach Berlin gefahren. Darunter war auch der damalige SPD-Abgeordnete im sächsischen Landtag **Hans Geiser** (1884-1961), der auch im Aufsichtsrat der GEWOG tätig war. Waloschek fuhr ihn und seinen Sohn im April 1933 an die tschechische Grenze und so gelang ihm die Flucht vor den ausdrücklich angekündigten Morddrohungen des berüchtigten SA-Obergruppenführers **Manfred von Killinger** (1886-1944), als dieser am 8. März 1933 sogar zum Reichskommissar für Sachsen ernannt wurde.

Waloschek erwähnte später, dass er und sein treuer DEWOG-Fahrer damals alle Schleichwege und Nebenstraßen in Sachsen und Umgebung sehr genau kannten und so an den möglichen Polizeikontrollen unbemerkt vorbei kamen. Sie konnten ihre Schützlinge (meist nachts) in Sicherheit bringen und wurden dabei nie ertappt, allerdings wahrscheinlich doch beobachtet.

Anfang Mai 1933 (und offiziell ab 10. Mai) besetzten SA und Polizei praktisch alle Gebäude und Büros der Gewerkschaften und der SPD. Ihr Vermögen wurde beschlagnahmt und viele der Funktionäre in „Schutzhaft" genommen. Sämtliche Organisationen der Gewerkschaften und die ihnen nahestehenden Organisationen (wie zum Beispiel der Allgemeine Sächsische Siedlerverband) wurden in die **„Deutsche Arbeitsfront" (DAF)** integriert, die direkt Adolf Hitler unterstellt war.

Die GEWOG-Dresden blieb unter ihrem Kurznamen im Rahmen der Arbeitsfront DAF erhalten und wurde dann ab 3. März 1939 unter dem Namen **„Neue Heimat"** („Gemeinnützige Wohnungs- und Siedlungsgesellschaft der Deutschen Arbeitsfront im Gau Sachsen G.m.b.H,") weiter geführt. Die Dachorganisation „Neue Heimat" hat nach dem Zweiten Weltkrieg unter dem gleichen Namen die Nachfolge der DEWOG und aller ihrer Tochtergesellschaften übernommen, allerdings getrennt in Ost- und Westdeutschland.

Durch Hausdurchsuchungen, Verhöre und Drohungen wurde Hans Waloschek klar gemacht, dass er im Nazi-Deutschland unerwünscht war. Er hatte schon im April 1933 seine Frau und die zwei Kinder auf einem als sicher betrachteten Bauernhof in der *„Dresdner Heide, bei den Waldteichen"* (Volkersdorf?) untergebracht. Die Adresse war nur ihren besten Freunden bekannt. Dort lernten die Kinder das friedliche Landleben kennen. Angst vor Gänsen und das Sammeln von jungen Brenn-Nesseln (für Salat) blieb ihnen in Erinnerung. Von den Problemen der Eltern wussten sie nichts und haben auch später kaum etwas von ihnen erfahren.

Hans selbst wurde in der Wohnung seines Freundes **Walter Opitz** in der **Virchhowstraße 28** (Erdgeschoß) einstweilen versteckt und konnte dabei auch die für seine Bauten noch nötigen Akten und Pläne mitnehmen. Seine anspruchsvollen Möbel hat er von einem Umzugsunternehmen nach Wien transportieren lassen.

Waloschek ließ den GEWOG-Wagen vom Fahrer in der Garage zerlegen. Die einzelnen Teile wurden unauffällig vernichtet. Auch seinen Revolver hatte er auseinandergenommen und die Teile von einer Brücke in die Elbe geworfen. Seinen österreichischen Reisepass mit Visum und Stempeln seines Besuches in Moskau hat er vorsorglich „verloren" und sich einen „sauberen" ausstellen lassen.

Am 3. Juni 1933 bekam Hans Waloschek von der Kreishauptmannschaft Dresden schriftlich den Bescheid, dass sein Einbürgerungantrag (zu dem er schon eine mündliche Zusage erhalten hatte und die angeblich schon positiv in einem Amtsblatt angekündigt war) nun doch **abgelehnt** wurde „*wegen unsicherer wirtschaftlicher Lage seines im November 1932 gegründeten Geschäfts*". Wie er später oft betonte, hat ihm diese Ablehnung wahrscheinlich das Leben gerettet: Als Österreicher war er nämlich noch einigermaßen sicher. Am 4. Juli hat dann Grete Waloschek die beiden Kinder zu ihren Eltern nach Wien gebracht, kam aber (laut Eintragungen in ihrem Reisepass) schon am 12. Juli wieder zurück um ihrem Mann beizustehen.

Hans und Grete Waloschek wohnten meist bei der Familie Opitz, aber wahrscheinlich auch bei anderen Freunden. Es ist möglich, dass sie sich notdürftig in einer (nach Recherchen von Klaus Brendler) damals anscheinend freistehenden Wohnung neben der von Walter Opitz in der Virchowstraße eingerichtet haben. Das Haus gehörte dem Deutschen Siedlerverband, Ortsverband Dresden (zu der Zeit schon in der „Arbeitsfront" integriert), der sich damals wohl nicht viel um die leerstehenden Wohnungen kümmern konnte oder wollte.

Hans Waloschek wurde übermutig und hat seine noch übrig gebliebenen Bauten weiter betreut. Er stempelte jetzt sogar Baupläne mit seiner Adresse in der Virchowstraße ab, obwohl er dort polizeilich gar nicht gemeldet war, und wurde (wie schon erwähnt) Mitglied im **Deutschen Werkbund**.

Aber die neuen Machthaber machten Waloscheks Arbeit immer schwieriger. Walter Opitz bemerkt dazu in einer Erklärung aus dem Jahr 1959: „*Die Auftraggeber Waloschek's wurde von der SS aufgefordert, mit ihm nicht weiter zu arbeiten, da er offiziell als **Staatsfeind** erklärt worden sei. Unter der Androhung, dass die von ihm eingereichten Bauvorhaben keine Zuschüsse von der öffentlichen Hand bekommen würden, waren die Bauherren gezwungen, ihm die Aufträge zu entziehen, obwohl er schon erhebliche Vorleistungen vollbracht hatte. Es ist mir erinnerlich, dass auch die städtischen Bauämter in Dresden **die Genehmigung seiner Pläne verweigerten**. Dadurch wurde seine Berufsausübung als Architekt unmöglich gemacht.*"

Die meisten Bauherren stornierten tatsächlich ihre Aufträge, darunter auch der schon erwähnte Großauftrag des **Siedlervereins Dresden-Löbtau**, für den Hans Waloschek 1933 den Bau von 60 Eigenheimen an der **Burgwartstraße in Dresden-Naußlitz** (nicht weit von der Düsseldorfer Straße entfernt) betreuen sollte. Nach einer erhaltenen Kopie eines Vertragsvorschlages war dies mit einem Honorar von mindestens 12.000 RM (nur für die Bauführung) verbunden. Waloschek erwähnte später in einer Liste von Bauten, dass dieser

Vertrag „storniert" wurde, aber es ist möglich, dass er durch den Druck der Machthaber erst gar nicht zustande kam. Jedenfalls machte der Verlust dieses Auftrages das weitere Überleben in Dresden praktisch unmöglich.

Waloschek hat für dieses und weitere Vorhaben mit dem Architekten **Kiessling** zusammengearbeitet, über den es keine weitere Angaben gibt.

Waloschek konnte nach Mitte 1933 nur mehr einige schon genehmigte Bauten fertigstellen. Von den angeblichen noch gebauten 20 Wohneinheiten konnten ja bis jetzt nur wenige identifiziert werden.

Martin-Opitz-Straße

Foto Klaus Brendler (2004)

Mit freundlicher Hilfe von **Horst R. Rein** und **Klaus Brendler** war es möglich (wie auch schon erwähnt) drei Gebäude in **Dresden-Omsewitz** den vorhandenen Bauplänen zuzuordnen:

Ein Einfamilienhaus für Herrn **Arthur Linke** (Martin-Opitz-Straße 9) und zwei Zweifamilien-häuser, eines für Herrn **Walter Linke** (Martin-Opitz-Straße 11) und eines für Herrn **Rudolf Klotzsch** (Martin-Opitz-Straße 13).

Ein Kostenvoranschlag für ein Einfamilienhaus für einen Herrn **Rudolf Linke** weist auf einen möglichen weiteren Bau für die Familie Linke hin. Vorschläge für ein Sechsfamilienhaus für einen Herrn **Schwalbe** in Dresden-Coschütz konnten von Herrn **Gert-R. Lechner** (Desden-Coschütz) einem wahrscheinlich etwas später errichteten Gebäude in der Kohlenstraße 52 zugeordnet werden.

Es gibt in Waloscheks Nachlass noch Hinweise, Schriftstücke oder Pläne weiterer Bauten aus dem Jahr 1933, so zum Beispiel: Wohnungen für die **Deutschen Werkstätten,** Umbau „**Posthaus Kipsdorf"**, Umbau von Büros in eine Wohnung im **Volkshaus Dresden,** Einfamilienhaus „**Thanhof"** und weitere Häuser für die **Bau- und Spargenossenschaft – Meißen.** Diese Bauten konnten allerdings nicht identifiziert oder gefunden werden. Es ist sehr wahrscheinlich, dass keines dieser Vorhaben je realisiert wurde.

Offensichtlich versuchte Hans Waloschek durchzuhalten, in der Hoffnung, dass der Nazi-Spuk bald vorbei sein würde und dass er als Österreicher vor einer Verhaftung halbwegs sicher war. Wegen seiner „Rasse" hatte er nichts zu befürchten, da er keine Vorfahren jüdischer „Rasse" oder Religionsan-gehörigkeit hatte. Und es war in Dresden nicht bekannt, dass Waloscheks Schwiegervater zwar Atheist, aber doch jüdischer Abstammung war.

Mit seiner Tätigkeit als Architekt wollte er wohl auch seine politische Akti-vität verbergen. Tatsächlich hatte Waloschek von **Arno Hennig** (1897-1963),

Sekretär der (nun verbotenen) SPD in Freital, rechtzeitig ein Auto der SPD „in Verwahrung" bekommen, mit dem er weiterhin Flüchtlinge in Sicherheit brachte.

Hans Waloschek wurde später auch in der Wohnung von Walter Opitz in der Virchowstraße mehrmals von SA- und SS-Leuten verhört. Einmal wurden in Waloscheks Abwesenheit alle seine Akten, Dokumente und Zeichnungen beschlagnahmt und abtransportiert. Wichtige Arbeitsunterlagen und persönliche Dokumente, wie zum Beispiel Versicherungspolicen und Ausweise wurden ihm nicht zurückgegeben. Seine Tätigkeit als Fluchthelfer und das dazu benutzte SPD-Auto waren den Behörden oder Gestapo-Spitzeln nun wohl doch aufgefallen.

Die Lage der Waloscheks wurde immer bedrohlicher. Laut Eintragung in ihrem Reisepass hat Grete am 27. September 1933 Dresden verlassen und ist zu ihren Kindern nach Wien gefahren. Hans blieb aber noch in Dresden, bis er am 7. Dezember von einem ihm gut gesinnten Informanten gewarnt wurde: Er sollte am nächsten Tag nun doch verhaftet werden. Er entkam noch in der Nacht über die Grenze zur Tschechoslowakei und erreichte Wien am nächsten Tag, wie er selbst berichtete und wie es auch Walter Opitz in einem späteren Brief erwähnt.

Den Freunden und Bekannten Waloscheks ging es nicht viel besser. Einige haben Nazizeit und Krieg überlebt, aber über ihr Schicksal ist relativ wenig bekannt. Denn wie viele Menschen, die vor dem Terror der Nationalsozialisten flüchten mussten, haben sie (und auch die Waloscheks) kaum oder gar nicht über ihre unerfreulichen Erlebnisse in Deutschland gesprochen. Namen wurden prinzipiell nicht genannt. Bis zum Kriegsende waren das verständliche Vorsichtsmaßnahmen. Spione gab es ja überall. Erst nach 1959 haben die Waloscheks Namen und Fakten in Gesprächen und Briefen gelegentlich erwähnt. Daraus stammen die Daten über einige ihrer Bekannten (s. Kasten). Weitere Information darüber findet man im Teil 2.

Die Ereignisse des Jahres 1933 haben eine tiefe Spur in Waloscheks Psyche hinterlassen. Er litt danach sein Leben lang an Depressionen und starken Kopfschmerzen, die er mit Medikamenten bekämpfen musste. Noch Jahre später brach er vor Aufregung mit Weinkrämpfen zusammen, wenn in einem Gespräch die grausamen Verbrechen der Nazis und besonders seine Erlebnisse im Jahr 1933 erwähnt wurden, über die er selbst ja nie genauer berichtet hat. Er hat auch nie wieder die Gegend seiner damaligen Bauten in Deutschland besucht.

Das Schicksal der Freunde

Ernst Bodien (*) wurde 1933 entlassen, hat sich dann als Berater für gemeinnützige Organisationen so gut es ging durchgeschlagen, war in Schlesien in einer Untergrundorganisation tätig und hat Nazizeit und Krieg überlebt.

Hans Geiser (*) konnte nach mehreren Mordversuchen der Nazis nach England entkommen, wo dann auch seine Kinder geblieben sind. Nach dem Krieg war er ab 1946 wieder in Deutschland politisch tätig. Bis zu seiner Pensionierung war er Landesverbandsleiter der Deutschen Angestellten Gewerkschaft in Hannover. Er wurde 1955 mit dem Bundesverdienstkreuz geehrt.

Arno Hennig wurde 1933 als Lehrer entlassen, arbeitete danach als Vertreter für Lehrmittel und wurde mehrmals inhaftiert. Nach dem Krieg war er kurz Oberbürgermeister von Freital, flüchtete in den Westen, wo er auch wieder politisch sehr aktiv war.

Alfred Kiß (*) (Riesa) musste im Juli 1933 Deutschland verlassen, flüchtete in die Tschechoslowakei und 1938 nach England. Nach dem Krieg war er wieder in der Gewerkschhaftsbewegung tätig.

Richard Linneke (*) hat nach der Enteignung der DEWOG und ihrer Tochtergesellschaften natürlich seine Position als Direktor der DEWOG verloren. Er versuchte dann als freier Architekt Arbeit zu finden, auch in Zusammenarbeit mit Willi Ludewig. Sein Vorgänger als Leiter der DEWOG-Organisation (und ihr Gründer) **Martin Wagner**, damals Stadtbaurat von ganz Berlin, wurde als solcher schon am 14. März 1933 entlassen, bekam Berufsverbot als Architekt und ist 1935 emigriert, zuerst in die Türkei und dann in die USA, wo er Professor für Städtebau an der Harvard Universität wurde.

Willi Ludewig (*) hatte die großen Aufträge der Kommunen und der nun enteigneten Organisationen eingebüßt. Es blieben ihm aber noch seine Privatkunden. Er übergab Linneke die Aufsicht einiger dieser Bauten und stellte ihm sein Berliner Atelier zur Verfügung. Er blieb noch bis 1935 in Deutschland, leitete zuletzt als Chefarchitekt den Bau des Militärflugplatzes „Fliegerhorst Oschatz" und musste dann fluchtartig das Land verlassen, als die Gestapo entdeckte, dass seine Lebensgefährtin jüdischer Abstammung war. Er konnte mit seiner Familie nach Argentinien entkommen.

Walter Opitz (*) schrieb an Hans Waloschek: *„Ich bin kurz nach Deiner Flucht aus der Arbeiterbank entlassen worden, weil ich unentschuldigt gefehlt habe. Ich war aber leider durch eine längere Haft am Arbeiten verhindert und konnte meinem Arbeitgeber gar keine Entschuldigung zukommen lassen".* Walter Opitz hat den Krieg überlebt und war in den 60er Jahren Direktor der Niederlassung Berlin der Bank für Gemeinwirtschaft.

Im Nachlass von Hans und Grete Waloschek befinden sich außerdem noch Briefe an oder von **Karl Arndt, Wils Ebert, Otto Fürstenberg, Alfred Gellhorn, Walter Müller, Otto Neurath, Karl Renner, Adolf Schärf** und **Grete Schütte-Lihotzky** (in alphabetischer Ordnung), die alle den Krieg überlebt haben.

(*) S. Teil 2.

1.5 Über Wien nach Buenos Aires

Die Ankunft der Waloscheks in Wien war alles andere als erfreulich. Die Schwiegereltern Stark hatten am Anfang die beiden Kinder (ohne Mutter Grete) allein zu pflegen. Ihre Wohnung in der Sonnenuhrgasse war dann mit den Möbeln aus Dresden hoffnungslos überfüllt. Gretes Bruder Edi Stark mit Freundin Anni wohnten nämlich auch noch bei den Starks.

Als dann Grete im September ankam, suchte sie als erstes eine neue Wohnung. Nach sechs Jahren Wohlstand konnte sie sich nicht leicht an das Flüchtlingsdasein gewöhnen und mietete einen Teil des Obergeschoßes einer eleganten Villa in Ober-Sankt-Veit (Schweizertalstraße 54, I./2). Ihr Bruder Edi meinte schon damals, sie sei wohl größenwahnsinnig geworden! Als Hans im Dezember 1933 dazu kam und keine Arbeit fand, konnte die Miete nicht mehr bezahlt werden. Die Möbel landeten wieder bei den Großeltern.

Das für sich gebaute Haus in der Siedlung Eden hatte Hans 1928 seiner Schwester Emmy übertragen, die nun mit ihrem Mann darin wohnte. Die ursprüngliche Holzhütte von 1922 und ein Drittel des Grundstückes hatte er behalten und seiner Mutter auf Lebenszeit zur Verfügung gestellt. Darin konnten nun die vier Waloscheks hin und wieder einige Tage kampieren.

Auch die persönlichen Beziehungen innerhalb der Familie waren nicht gerade ideal. Waloscheks Mutter Emma war schon seit Ende des Ersten Weltkrieges überzeugt, dass das kleine Restösterreich nicht lebensfähig war und an das Großdeutsche Reich angeschlossen werden sollte. Schwester Emmy und ihr Mann Franzl schwärmten schon vom Führer und seinen Leistungen. Dagegen war die Frau ihres Bruders Willi (sie wohnten ja gleich nebenan in der Siedlung) jüdischer Abstammung. Noch Jahrzehnte danach erinnerten sich die Nachbarn an die lautstarken Auseinandersetzungen zwischen den beiden Frauen. Erschwerend kam dazu, dass Grete Waloscheks Vater (Karl Stark) auch jüdischer Abstammung war und nicht gerne in die Siedlung Eden fuhr.

Die meisten der alten Freunde, die nun Hans in Wien wieder aufsuchte, begrüßten sich nur mehr mit „Heil Hitler". Seine Warnung, dass Hitler auf einen Krieg zielte, wurde nicht ernst genommen. Die Misshandlung des Richard Rösch wurde als bedeutungsloser Einzelfall abgetan und die brutale Verfolgung aller Nichtnazis wurde ihm schlicht nicht geglaubt. Die Behandlung der Juden fanden die meisten ganz in Ordnung. Seine Enttäuschung war groß.

Waloschek wurde im Januar 1934 Mitglied der „Vaterländischen Front", trat im April in den „Gewerkschaftsbund der österreichischen Arbeiter und

Das Haus in der Sonnenuhrgasse 1, an der Ecke zur Gumpendorferstraße im VI. Bezirk Wiens (Gumpendorf), fotografiert 1980 von Pedro Waloschek.

Die Wohnung im 2. Stock (X im Bild oben), in der 1933 bis 1937 Toni, Karl und Edi Stark (mit Ani) und auch die 4 Waloscheks zusammen wohnten.

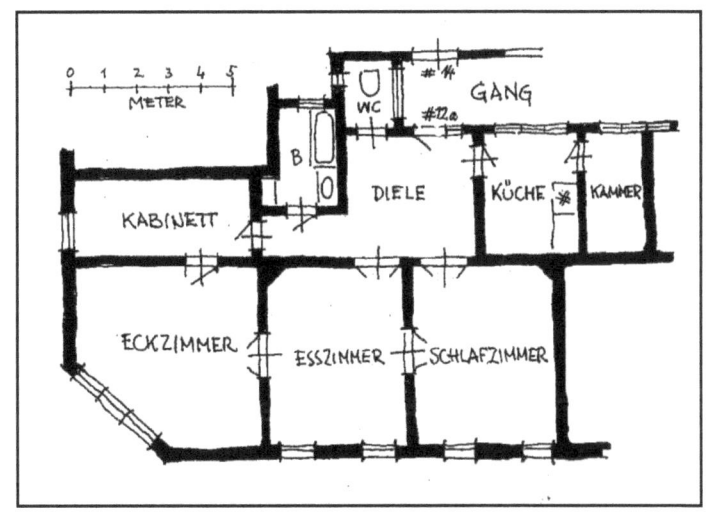

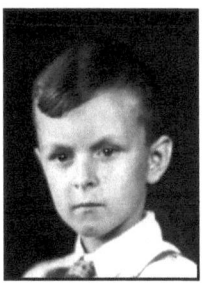

Grete, Hans, Jutta und Peter Waloschek in Wien, um 1934/35.

Angestellten" ein, und Ende 1935 in den „Neuen Werkbund Österreichs". Aber trotz all seiner Anstrengungen fand er keine dauerhafte Arbeit als Architekt.

Der Ingenieur **Artur Biber**, dessen Frau Emma die jüngste Schwester von Waloscheks Schwiegermutter Antonia Stark war, beschäftigte ihn hin und wieder mit Projekten einiger Apartmenthäuser. Das reichte aber nicht zum Leben und Waloschek bekam gelegentlich Arbeitslosenunterstützung.

Er versuchte es mit **Weiterbildung** und schrieb sich im Oktober 1934 als außerordentlicher Hörer in der Fakultät für Architektur der Technischen Hochschule Wien ein, wo er unter anderem im Studienjahr 1934/35 Vorlesungen über **„Künstlerische Werbetechniken"** und über **„Ornamentale Schrift"** besuchte. Er hat dazwischen auch Abendkurse im Zeichnen an der Akademie der Bildenden Künste am Schillerplatz in Wien belegt.

Dann besuchte er vom 15.2.35 bis 15.4.35 einen Kurs über **„Moderne Schaufenster-Dekoration"** in der Handels-Akademie der Wiener Kaufmannschaft und erhielt im Oktober 1935 Gewerbescheine für **„Werbeberatung und Herstellung von Reklameentwürfen"** und für das **„Auslage – Arrageurgewerbe"**. Er wurde Mitglied der „Reklamewissenschaftlichen Vereinigung" in Wien.

So konnte er für das Werbeunternehmen **Dr. Otto Ehrlich** einige Arbeiten durchführen, unter anderem für OBI-Apfelsaft. Dafür installierte er im Badezimmer der Wohnung seiner Schwiegereltern eine kleine Dunkelkammer, in der er Fotos vergrößern konnte. Geschickt angefertigte Fotomontagen gehörten zu seinen Spezialitäten.

Die Lage in Wien erschien ziemlich hoffnungslos. Es wurde ans Auswandern gedacht. Nun ergab sich dabei aber ein Problem: Hans und Grete hatten 1927 „konfessionslos" geheiratet und die Kinder wurden nicht getauft. Eine konfessionslose Familie, die gerade Deutschland verlassen hatte – oder sogar verlassen musste – wäre aber als entweder kommunistisch oder jüdisch (oder sogar beides!) aufgefallen und eventuell zur Einreise abgelehnt worden. Dies wurde ihnen auch diskret auf mehreren Konsulaten zu verstehen gegeben.

So haben die Waloscheks beschlossen, wieder in die **katholische Kirche** einzutreten, was sie am 6. April 1935 in der Wiener Pfarrei Sankt Aegid (Gumpendorf) in die Tat umgesetzt haben. Noch am selben Tag wurde ihre standesamtliche Trauung (vom 24.12.1927) nach römisch-katholischem Ritus „convalidiert", der fünfjährige Peter (heute Pedro) auf „Peter Johannes" getauft und die dreijährige Erna Jutta auf „Erna Jutta Maria".

Nun dachten sie, bessere Chancen zum Auswandern zu haben, fanden aber weiterhin keine Möglichkeit dazu. Die Ausstellung eines Einreisevisums war damals schon an viele Bedingungen geknüpft. Meist sollte sogar ein Arbeitsvertrag im neuen Land vorgelegt werden.

Im Oktober 1935 kam die entscheidende Wende. Es meldete sich (wahrscheinlich aus Zürich oder Paris) **Willi Ludewig**, der dabei war nach Argentinien auszuwandern. Über seine abenteuerliche Flucht aus dem SS-bewachten Fliegerhorst Oschatz (dessen Bau er als Chefarchitekt leitete) am 29. September 1935 hat er damals allerdings nichts erzählt **(s. Teil 2)**. Er ließ auch seine Verwandten und Bekannten in Deutschland in dem Glauben, dass er nach Südafrika emigriert ist.

Nun vertraute er Hans Waloschek seine tatsächlichen Zukunftspläne an und verriet ihm wohl die entscheidenden Tricks, mit denen es ihm gelungen ist die Überfahrt zu organisieren und das Visaproblem zu lösen. Am 19. November 1935 schiffte sich Ludewig mit Lebensgefährtin und Sohn in Le Havre auf der „Lipari" ein und kam am 19. Dezember in Buenos Aires an. Waloschek schrieb ihm noch einen Brief aufs Schiff, den Ludewig (aus Vorsicht) erst am 9. April 1936 ausführlich aus Buenos Aires beantwortet hat. Es folgte ein weiterer Briefwechsel mit vielen nützlichen Ratschlägen. Eine Deckadresse in Zürich und die Waloscheks in Wien, besonders Gretes Vater Karl Stark (im noch nicht angeschlossenen Österreich) dienten Ludewig auch zur geheimen Kommunikation mit seiner Familie in Berlin.

Nach langen Überlegungen haben sich die Waloscheks geeinigt: Hans sollte versuchen erst alleine nach Argentinien zu fahren. Die Familie würde nachkommen, sobald er dort Fuß gefasst hat.

Am 11. August 1936 ließ sich Hans in Wien wieder einen neuen Pass ausstellen, in dem nichts über seinen Aufenthalt in Deutschland und seine früheren Reisen eingetragen war. Diesen „sauberen" Pass schickte er an das französische Reisebüro „Oceania" in Paris, das ihm am 21. August ein Touristenvisum für Argentinien darin eintragen ließ. Der Vorgang war wahrscheinlich mit dem Kauf einer Schiffspassage gekoppelt.

Tatsächlich fuhr Hans Waloschek am 17. September 1936 mit der Bahn von Wien über Mailand nach Marseille und schiffte sich am 20. September an Bord der „Florida" **nach Buenos Aires** ein. Neben seinem Handgepäck hat er nur einen 80 Kilogramm schweren Koffer direkt nach Buenos Aires schicken lassen. Dort kam Waloschek am **10. Oktober 1936** an und wurde von den Ludewigs freundschaftlich empfangen. Er konnte auch die erste Zeit bei ihnen wohnen.

Die Wartezeit in Wien war für Grete nicht einfach. Es bestand immerhin die Möglichkeit, dass sich Hans in Argentinien nicht zurechtfindet oder sogar spur-

Hans Waloschek 1936 im Hafen von Buenos Aires.

Ankunft im Hafen von Buenos Aires am 16. Mai 1937 mit der Familie Winter. Hinten, 3. von links Grete Waloschek, im Vordergrund Jutta und Peter Waloschek.

Von links nach rechts: Christof Ludewig, Grete Waloschek, Andrés Ludewig, Pedro Waloschek, Jutta Waloschek, Lusja Ludewig und Hans Waloschek, 1937.

Das gleiche Bild mit Will Ludewig (wahrscheinlich von Hans Waloschek aufgenommen). Es ist das einzige Foto von Willi Ludewig im Waloschek-Archiv.

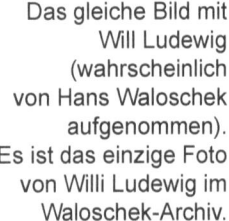

los verschwindet. Sie wurde übertrieben katholisch, besonders nachdem sie den sehr netten schweizer **Pfarrer Franz Müller** (Rektor eines Gymnasiums in Sankt Gallen) kennengelernt hat, der den kleinen Peter in Pflege genommen hatte. Sie besuchte auch öfters ihre alte Arbeitsstelle in der Angestelltenkrankenkasse und wurde dort vorübergehend als Hilfskraft eingestellt.

Grete fürchtete sich offensichtlich vor dem überall zunehmenden Antisemitismus. Am 10. Februar 1937 ließ sie sich einen neuen Trauungsschein von der Pfarrei Sankt Aegid ausstellen, in dem ihre Eltern ausdrücklich als „beide röm.-kath." eingetragen sind, was zwar nicht der Wahrheit entsprach (ihr Vater wurde sonst als „hebräisch" eingetragen), aber vielleicht doch nützlich sein könnte. Im ursprünglichen Trauungsschein vom 6. April 1935 fehlte dieser Eintrag. Zum Glück waren ihre Befürchtungen unnötig.

Als erstes hat Hans Waloschek noch am Tag seiner Ankunft in Buenos Aires (am 10. Oktober 1936) seinen alten Freund aus Wien, den Architekten **Raúl Pérez Irigoyen** angerufen, den Willi Ludewig im Telefonbuch der Stadt Buenos Aires lokalisiert hatte. Schon am nächsten Tag (übrigens ein Sonntag) konnte er im Architekturbüro, das Pérez Irigoyen mit dem angesehenen Ingenieur und Bildhauer **Ángel E. Ibarra García** (1892-1972) betrieb (Buenos Aires, Av. Roque S. Peña 811), am Zeichentisch dringende Projekte bearbeiten. Aus einem damaligen Brief von Hans an seinen Bruder Willi in Wien geht hervor, dass sich Pérez-Irigoyen sehr wohl an die Reifeprüfung in der „Staatsgewerbeschule Wien I" erinnerte, als er zwischen den hilfreichen Brüdern saß.

Dann hat es mehrere Wochen gedauert, bis Waloschek seinen 80-Kilogramm-Koffer am Zoll finden und auslösen konnte. Auf nicht bekannte Art konnte er (wahrscheinlich mit der Hilfe von Pérez Irigoyen, Willi Ludewig und etwas Geld) sein Touristenvisum in eine **unbefristete Aufenthaltserlaubnis** umwandeln, die ihm sogar erlaubte seine Familie nachkommen zu lassen. Damit begannen für Hans Waloschek 23 nicht ganz einfache Jahre in Argentinien, in denen er allerdings nie arbeitslos war. Dagegen hatte er große Schwierigkeiten mit dem feuchtheißen Klima und mit den Behörden.

Die Berufsbezeichnungen „Architekt" und „Ingenieur" durften in Argentinien nur nach einem abgeschlossenen Studium an einer dortigen Universität benutzt werden. Missbrauch war strafbar! Ein ausländisches Diplom konnte im besten Fall beim Studium einiger Fächer von einer Universität anerkannt werden. Das Misstrauen der Behörden war aber auch verständlich, da es bei den vielen Einwanderern sehr schwer war, die Echtheit oder den Stellenwert ausländischer Diplome zu überprüfen. Arbeitsbescheinigungen und „Diplome" für Flüchtlinge in Not wurden auch schamlos gefälscht.

Argentinien 1936

Als Hans Waloschek 1936 in Argentinien ankam, staunte er über die *„geradezu paradiesischen Zustände in Buenos Aires. Wie im Schlaraffenland war das Leben, es gab alles spottbillig im Überfluss, Milch wie Honig, Fleisch und Brot und auch Wohnungen"*, wie er später an seinen Freund Walter Opitz berichtete.

Bei einem Monatseinkommen von 300 bis 600 argentinischen Pesos konnte er die Miete von 120 Pesos für eine Dreizimmerwohnung gut bezahlen. Einkommenssteuern wurden damals erst ab einem Einkommen von 25.000 Pesos im Jahr erhoben und waren auch dann sehr gering. Erst viel später wurden Steuern nach europäischem Muster eingeführt. Der Staat lebte hauptsächlich von Zollgebühren, die besonders auf den Export von Getreide und Fleisch erhoben wurden.

Als dann 1937 die Familie nachkam, wurde der kleine Peter oft zum Fleischerladen geschickt um für 5 Cent („centavos") „Knochen mit Mark" (es war meist ein Ochsenbein mit viel Fleisch) und für 5 Cent Suppengemüse zu kaufen. Dann bat er noch um *„etwas Leber für die Katze"*, die er natürlich geschenkt bekam, da sie damals von den Einheimischen nicht verzehrt wurde. Hunger war unvorstellbar. Wer kein Geld hatte, bekam am Hintereingang jeder Gaststätte mindestens ein Steak (Fleisch war das billigste Nahrungsmittel) oder einen Teller Eintopf-Suppe („puchero").

„Wir sind Argentinien für die gastfreundliche Aufnahme dankbar und müssen anerkennen, dass es uns wohl nirgends leichter gewesen wäre, unsere Kinder so auszubilden zu können wie hier", schreibt Waloschek in einem weiteren Brief. Für Schüler und Studenten, die eine Aufnahmeprüfung bestanden hatten, gab es in den staatlichen Schulen und Universitäten keinerlei Gebühren. Es gab auch staatliche Krankenhäuser, in denen man bei Bedarf kostenlos behandelt wurde. Ärzte mit eigener Praxis haben dort ehrenamtlich Dienst geleistet und das Personal bestand meist aus katholischen Ordensschwestern. Private Krankenhäuser, Krankenkasse oder Versicherung gab es nur für Besserverdienende.

Argentinien, mit 2,8 Millionen Quadratkilometern fast acht Mal größer als das heutige Deutschland, hatte 1936 etwa 14 Millionen Einwohner (im Jahr 2007 waren es dann schon 39 Millionen) von denen damals 2,3 Millionen innerhalb der Grenzen der Stadt Buenos Aires lebten und etwa genausoviele in der Umgebung (im Jahr 2007 waren es dann jeweils 2,7 und 13 Millionen).

Dem Wachstum entsprechend wurde überall, aber besonders in der Großstadt Buenos Aires und Umgebung, sehr viel und sehr schnell gebaut, mit viel Eisenbeton und (wie Waloschek erwähnt) weniger Wärme- und Schalldämmung als es in Deutschland üblich war.

Dagegen waren die sanitären Anlagen dem warmen Klima entsprechend relativ fortschrittlich und jede Wohneinheit musste ein voll eingerichtetes Bad haben – was auch streng eingehalten wurde.

Schon 1916 wurde in Buenos Aires die erste Untergrundbahn fertiggestellt. Die Stadt war wohl die modernste Südamerikas und hatte einen durchaus europäischen Charakter.

Es gab in Argentinien allerdings auch eklatante soziale Ungerechtigkeiten. Die Landbevölkerung wurde von Großgrundbesitzern (die am Export reichlich verdienten) rücksichtslos ausgebeutet.

Mit der zunehmenden Industrialisierung der Landwirtschaft bildeten sich Elendsviertel um die Städte. Korruption war an der Tagesordnung und die politische Lage verschlechterte sich, was schließlich nach Perón-Diktatur, Militärjunta und Finanz-Experimenten zu großen Problemen führte.

Ohne argentinische Zulassung durfte Waloschek also keine Baupläne bei Behörden einreichen oder offiziell eine Bauleitung übernehmen. Selbst auf seinem Briefpapier durfte er sich nicht Architekt nennen! Er musste für andere arbeiten oder einen zugelassenen Architekten oder Ingenieur als Urheber des Projektes oder als Bauleiter angeben. Oft wurde mit der Ausführung der Bauten eine Firma beauftragt, in der ein zugelassener Architekt, Diplomingenieur oder Baumeister (als Inhaber oder Angestellter) tätig war, der dann alle Unterschriften leistete.

Aus diesen Gründen ist es oft schwierig, und nach argentinischen Bestimmungen sogar illegal, Entwürfe oder Bauleitungen beweiskräftig Hans Waloschek zuzuordnen. Das gleiche Problem hatte natürlich auch Willi Ludewig und alle anderen nach Argentinien ausgewanderten Architekten.

Legal durfte Waloschek natürlich für die verantwortlichen Architekten oder Baumeister Projekte mit allen Details ausarbeiten (er nannte sich „projectista") und Bauleitungen („director de obras") übernehmen. So hatte er in den ersten sechs Monaten schon genug gespart, um seiner Familie die Überfahrt nach Buenos Aires zu bezahlen. Für seine eigene Reise hatte er sich Geld vom Bruder seiner Frau, Eduard (Edi) Stark geborgt und ihm dafür einen Teil der modernen, aus Dresden mitgebrachten Möbel überlassen.

Als die ersten Überweisungen aus Argentinien ankamen begann Grete in Wien ernsthaft die Überfahrt vorzubereiten. Eine Speditionsfirma hat eine große Holzkiste („Lift" genannt) bereitgestellt, in die unter anderem Stühle, ein zerlegbarer Kleiderschrank, die Teile eines großen Doppelbetts und viele Haushaltsgeräte passten. Am 29 April 1937 hat sich Grete Waloschek mit den beiden Kindern in Triest an Bord der „Oceania" der Cosulich-Line eingeschifft und ist am 16. Mai 1937 in Buenos Aires eingetroffen.

Nach einigen Tagen bei Ludewigs wurde in der Nähe eine kleine Wohnung gemietet (Pasaje Seaver 1656, IV/4), in der auf geborgten Matratzen kampiert wurde bis dann (erst nach Wochen) der „Lift" mit Möbeln aus dem Zoll befreit werden konnte.

Peter hieß damals schon „Pedro Juan", Grete „Margarita" und Hans „Juan Carlos". Bei Jutta wurde eine Ausnahme gemacht: „Iutta Maria". Die Vornamen der Einwanderer wurden nämlich bei der Einreise ins Spanische übersetzt, wobei aber nur Namen aus dem katholischen Heiligenverzeichnis zugelassen waren. Die neuen Namen wurden in einem einheitlichen Personalausweis („cédula de identidad") eingetragen, mit Lichtbild, Fingerabdruck und einer eindeutigen Einwohner-Identifikationsnummer, alles nach einem angeblich in Deutschland entwickeltem System.

Pérez Irigoyen und **Ibarra García** hatten in Argentinien viele und gute Beziehungen. Entsprechend bekamen sie auch lukrative Aufträge. Sie gewannen mit Waloscheks Vorschlägen eine Ausschreibung für die Planung der **„Weltausstellung 1937"**, die im Hafengelände der Stadt Buenos Aires stattfand. Gleichzeitig wurde eine Erweiterung des größten Friedhofs der Stadt Buenos Aires (der **„Cementerio del Oeste"**, ab 1949 **„Chacarita"** genannt) übernommen. Ein Beispiel ist das Monument am Eingang des „Osario" (Beinhaus), das heute noch existiert, genau wie von Waloschek gezeichnet.

 Monument vor dem Beinhaus („Osario") im Zentralfriedhof von Buenos Aires. Links, der Entwurf von Hans Waloschek und rechts, der Zustand im Jahr 2000, fotografiert von Pedro Waloschek.

Dann wurde ein Hotel in der Provinz Córdoba mit dem Namen **„El Peñón"** geplant und gebaut, und Einfamilienhäuser wie das **„Chalet Rizori"** und das **„Chalet Vehil"**. Für die Provinz Córdoba wurde ein **Rathaus** geplant. Es kam auch zu einer technischen Beratung der Firma **Thyssen-Lametal** (Röhren).

Die Zusammenarbeit mit Pérez Irigoyen erstreckte sich (mit Unterbrechungen) bis zum Jahr 1946 und überlagerte sich dabei auch mit anderen Tätigkeitem Waloscheks.

Pérez Irigoyen war ein sehr netter und guter Freund aber, besonders wenn es um Geld ging, ein nicht besonders zuverlässiger Partner. Er wusste das Leben zu genießen und hat Hans Waloschek gelegentlich auch auf luxuriöse Reisen mitgenommen. Später unterrichtete er Kunstgeschichte an einer der Kunstakademien in der Stadt Buenos Aires. Er war es, der für Waloscheks Tochter Jutta eine Ausbildung als Kunstpädagogin vorschlug.

Beruflich stand Pérez Irigoyen als Architekt wohl eher im Schatten seines recht berühmten Kollegen Ibarra García. Eine gewisse Bekanntschaft erreichte Perez Irigoyen (mit seinem Kollegen Luciano Chersanaz) durch die Planung und den Bau des rennomierten Hotels Jousten, in bester Lage in der Stadt Buenos Aires, avenida Corrientes Ecke 25 de Mayo. Es war angeblich das erste Gebäude der Stadt Buenos Aires mit einer Eisenbetonstruktur, wurde 1926 geplant und 1928 fertiggestellt. Es war seit 1980 geschlossen, wurde später renoviert und im Jahr 2000 wieder als „NH Jousten" eröffnet.

Im Jahr 1939 begann Hans Waloschek eine Zusammenarbeit mit dem Architekten **Carlos Fromm**, Inhaber und Leiter einer gutgehenden Baufirma. Das Büro der Firma, im Zentrum der Stadt Buenos Aires, war im 12. und 13. Stock (ein Turm) in der Av. Roque S. Peña 616 eingerichtet. Es waren dort auch mehrere Zeichner beschäftigt.

Es ist anzunehmen, dass Waloschek mit Fromm im Laufe der Jahre unterschiedliche Arbeits- oder sogar Anstellungsversträge hatte. Einige Jahre lang war es Waloschek recht angenehm ein kleines aber konstantes Einkommen zu haben. Fromm kümmerte sich um die Akquisition und Kundenbetreuung, während Waloschek sich voll der Planung und Bauleitung widmen konnte. Waloschek durfte auch Aufträge für eigene Kunden betreuen, was er dann allerdings abends und nachts erledigen musste.

Carlos Fromm stand dem katholischen **Orden der Benediktiner** sehr nahe, war wahrscheinlich Laienbruder, denn er war verheiratet und hatte Kinder. Er half bei der Organisation von Feierlichkeiten und bei Planungsarbeiten des Ordens und bekam auch Aufträge für Baumaßnahmen, wie zum Beispiel dem Weiterbau der Benediktinerkirche **„San Benito de Palermo"** in Buenos Aires und den Bau der Klosterschule **„Santa María de los Toldos",** 350 Kilometer westlich von der Stadt Buenos Aires.

Ein bedeutender Auftrag war dann die Planung und der Bau des sehr anspruchsvollen Klausurklosters der Benediktinerinnen **„Santa Escolástica"** in einem Vorort im Norden der Stadt Buenos Aires der Victoria oder auch Punta Chica genannt wird. Bei diesem Vorhaben, das mit sehr viel Detailarbeit verbunden war, hatte Waloschek eine federführende Aufgabe. Bei der künstlerischen Detailarbeit hat Tochter Jutta fleißig geholfen.

Neben seiner Baufirma hat Carlos Fromm ein **„Estudio Ars Sacra"** betrieben. Das Logo des Estudio wurde aus vielen von Hans und Pedro Waloschek erstellten Vorschlägen ausgesucht. Hans war ein exzellenter Zeichner und hatte in Wien einen Kurs in Ornamentalschrift absolviert. Pedro hatte in seiner

Das lausurkloster „Santa scolástica" der Benedikti- -nerinnen im Jahr 2000. Foto Pedro Waloschek.

Logo vom „Estudio Ars Sacra".

Klosterschule (Maristenbrüder) auch solch einen Kurs mitgemacht. So konnten sie unter anderem Postkarten, Einladungen, Weihnachtswünsche und Ankündigungen für verschiedene Benediktinerkloster gestalten – und waren dabei auch recht erfolgreich. Es war allerdings eine ehrenamtliche Tätigkeit.

Ein recht anspruchsvolles Projekt bei Fromm war die Planung und der Bau einer größeren Fabrik des Stahlunternehmens **„Johnson Acero"** in Quilmes, südlich von Buenos Aires. Waloschek hat dafür, mit Hilfe des befreundeten Ingenieurs **Carlos Laucher**, ein nach einer Seite höher geöffnetes Dachgewölbe (mit 24 m Spannweite) aus sehr dünnwandigem Betonbögen entworfen, dessen Schalung durch weiterschieben mehrmals benutzt wurde, bis dann der Hallenteil in ihrer ganzen Länge fertig war. Zwei solcher Hallenteile wurden nebeneinander zu einer Einheit verbunden. Die weiteren zwei geplanten Hallenteile wurden nie gebaut. Carlos Laucher war in Argentinien wegen seiner originellen Ideen auf dem Gebiet der Eisenbeton-Statik gut bekannt.

Briefkopf der „Johnson Acero" mit dem ursprünglich geplanten Fabrikshallen, die nur zum Teil gebaut wurden.

Das Gebäude wurde später (1958) an einen Großhandel-Supermarkt verkauft, stand im Krisenjahr 2000 leer, war aber bewacht und in perfektem Zustand. Bilder des vom weiten sichbaren Turmes werden noch heute von der Firma Johnson Acero (jetzt mit Sitz in Zárate) für Werbungszwecke eingesetzt.

Einen großen Auftrag erhielt Carlos Fromm von der argentinischen Regierung: Eine ganze Siedlung für 20.000 Einwohner, mit allen dazugehörenden Versorgungsgebäuden und Gemeinschaftsräumen wurde für ein Kohlebergwerksgebiet im südlichsten Teil Patagoniens geplant, für das **„Yacimiento Río Turbio"**, etwa 2000 km Fluglinie südlich von Buenos Aires. Aus strategischen Gründen sollte die Kohle nicht in den 20 km entfernten chilenischen Hafen Puerto Natales (am Pazifik) transportiert werden, sondern über eine neu gebaute Bahnlinie zum 250 km weit entfernten Rio Gallegos am Atlantik, um dann per Schiff zu den Industriegegenden um Buenos Aires zu gelangen. Die neue Siedlung war ein idealer Auftrag für Waloschek, der seine Erfahrungen und Kenntnisse voll einsetzen konnte. Er hat das Gebiet des Río Turbio selbst besucht und die Planung übernommen. Die romantische Dampfeisenbahn war später eine Touristenattraktion und wurde für Filmaufnahmen gerne als

Kulisse benutzt. Der Kohleabbau hat sich damals nicht gelohnt, die Importkohle war billiger und besser. Der Betrieb wurde aber anscheinend in den letzten Jahren wieder aufgenommen.

Es gab noch einen zweiten, sehr ähnlichen Auftrag, für eine Siedlung im Süden der Stadt Zapala (Provinz Neuquén), über den aber keine Dokumente erhalten sind. Es soll sich um die **Bergwerke „Inca" und „Simita"** gehandelt haben und um die dafür nötigen Siedlungsanlagen.

Auch eine Agrarschule mit dem Namen **„C. Sanchez"** wurde in Waloscheks Büro bei Fromm geplant, und der Bau und die Erweiterung mehrerer Einfamilienhäuser. Größere Industrieprojekte waren u.a. die Erweiterungen der beiden Firmen mit den Namen **„Fortalit"** und **„Condor"**.

Die Beziehung mit Carlos Fromm erstreckte sich bis etwa 1952. In den letzten Jahren hatte Fromm ernste Probleme und die Zahl der Aufträge wurde immer geringer, bis es schließlich keine Arbeit für das Büro mehr gab.

Waloschek konzentrierte sich auf seine eigenen Kunden und wurde nur mehr gelegentlich gerufen, bis er eines Tages erfuhr, dass es die Firma gar nicht mehr gab und das Carlos Fromm nicht mehr erreichbar war. Über das Schicksal von Carlos Fromm gab es recht unterschiedliche Gerüchte, die aber nie bestätigt werden konnten.

Schon 1940 übersiedelte Waloschek mit seiner Familie in den schönen Vorort **Martinez**, nördlich von Buenos Aires, erst in ein kleines Einfamilienhaus (Vieytes 864) und 1942 in ein größeres (Las Heras 1942), in dem er genügend Platz für ein bescheidenes Atelier hatte. Hier konnte er seine privaten Kunden besser betreuen. Sohn Peter (nun Pedro) half seit seinem 12. Lebensjahr als Bauzeichner aus. Er konnte Pläne und perspektivische Darstellungen genau im Stil seines Vaters erstellen. Abends gingen die beiden oft in einer naheliegenden Eukalyptusalle spazieren. Es waren die seltenen Gelegenheiten, an denen Hans sein übliches Schweigen brach und mehr über seine Bauten in Deutschland sprach – oder sogar schwärmte. Er hat damals sogar über seine Tätigkeit als Fluchthelfer in Dresden berichtet. Verhöre und Flucht vor den Nazis wurden allerdings nie erwähnt. Er behauptete insistent, dass er nur wegen fehlender Arbeit „ausgewandert" war!

Während der Schulzeit der Kinder haben sie die Sommerzeit (Januar bis März in Buenos Aires) mit Mutter Grete meist in den Bergen der Provinz Córdoba verbracht, so zum Beispiel in den schönen Ortschaften Capilla del Monte und später in Luyaba und Los Hornillos. Hans kam dann immer nur auf einige Tage dazu.

Neben seiner Tätigkeit für Pérez Irigoyen und Carlos Fromm bekam Waloschek im Laufe der Jahre immer mehr Aufträge direkt von Bauherren. Dabei ist es ihm immer gelungen, die bürokratischen Barrieren mit befreundeten Baumeistern oder Baufirmen zu überwinden. Die Liste der bekannten Vorhaben ist sehr lang, aber nur von relativ wenigen gibt es Unterlagen oder Fotografien. Im Folgenden werden die wichtigsten Vorhaben nur kurz erwähnt.

Besonders interessant war das Chalet mit Atelier für die Malerin, Bergsteigerin und Botanikerin **Ilse von Rentzel** (später **de Atkinson**) in San Isidro. Nach ihr wurde ein Berg in den patagonischen Anden benannt. Architekt und Eigentümerin haben sich gegenseitig zu immer neuen Ideen und Erweiterungen durchgerungen und es entstand ein sehr reizvolles Gebäude, das leider im Jahr 2000 nicht mehr existierte. Aus dem Atelier im obersten Stockwerk konnte man weit über den Rio de Plata sehen.

Hans Waloschek hat verschiedene Bauvorhaben für den Industriellen **Gustavo Adolfo Faag** geplant und durchgeführt. Als erstes wurde sein Einfamilienhauses in Martinez umgebaut. Danach wurden 1954 zwei Stockwerke von je 500 m² Wohnfläche des 12-stöckigen Luxus-Appartmenthauses **„Miraflores"** in Buenos Aires (die Faag erworben hatte, als sie noch im Rohbau waren) nach seinen Wünschen gestaltet und fertiggestellt.

Gustavo Adolfo Faag war Eigentümer einer großen Papierfabrik mit dem Namen **„COPACA"** im Süden der Stadt Buenos Aires. Er hat Waloschek mit der Planung und Bauleitung von dringend nötigen neuen Hallen beauftragt und mit der Neugestaltung der beiden Eingänge zur Fabrik. Das Gebäude existierte noch im Februar 2000, war jedoch, im Rahmen der damaligen Wirtschaftskrise, verlassen und verfallen.

Gustav Adolf Faag hatte 1955 in Mar del Plata die Luxusvilla

Vorschlag für die Papierfabrik COPACA .

Villa Aluminé

„Aluminé" mit etwa 6000 Quadratmeter Parkgrundstück an der Atlantikküste (Cabo Corrientes) erworben.

Der erste Teil dieser Villa wurde schon 1940 vom Architekten **Alberto Rodriguez Etcheto** für den bekannten Chirurgen und Diplomaten **José Arce** geplant und erbaut **[Ca08]**.

Interessant ist, dass Waloscheks Kollege **Willi Ludewig** 1938 bis 1941 „stiller Sozius" von Rodriguez Etcheto war. Sie gaben gelegentlich auch Aufträge an Waloschek weiter. Es ist durchaus möglich dass Ludewig oder Waloschek schon damals am Projekt Aluminé gearbeitet haben.

Im Jahr 1955 hat dann Waloschek für den neuen Eigentümer Faag ein Gästehaus (wahrscheinlich mit einer Turnhalle) auf dem Gelände der Villa geplant und mit Hilfe des Ingenieurs **Dominighini** 1958 gebaut. Es wurden damals auch Änderungen am Herrenhaus und an einem anscheinend schon existenten Schwimmbad durchgeführt.

Der ganze Komplex wurde am 26.10.1994 als „Erhaltenswertes Erbgut" (**„de interés patrimonial"**) der Stadt Mar del Plata eingestuft und wird seit Anfang 2007, nach Anbau eines Saales mit Glasfront zum Meer, als Gastronomie- und Ausstellungszentrum mit dem Namen „La Trattoria" benutzt.

Eine bemerkenswerte Zusammenarbeit entwickelte sich mit **Carlos Spörk**, der eine eigene Baufirma hatte und Waloschek sogar als Autor der Projekte auf den Bauschildern nannte. Wichtigstes Vorhaben für Carlos Spörk wurde die **Essigfabrik HÜSER** (Eigentümer Herr Maximo Rath) in Buenos Aires. Das

Essigfabrik HÜSER in Buenos Aires. Zeichnung von Hans Waloschek.

Gebäude war im Jahr 2000 noch in perfektem Zustand und wurde anscheinen nicht als Fabrik benutzt sondern von Hausbesetzern bewohnt. Mit Spörk hat Waloschek unter anderem auch ein großes Kino mit 1600 Sitzplätzen in **Hurlingham** (ein Vorort der Stadt Buenos Aires) gebaut. Im Jahr 2000 wurde dieser Saal von einer christlichen Sekte benutzt.

Die Liste der Bauten für private Kunden aus der Zeit 1955 bis 1959 ist sehr lang. Die heute bekannten Vorhaben werden in der Chronologie (s. 1.7) aufgelistet. Die vorhandene Information darüber wird in einem getrennten Bericht beschrieben **[WP09]**.

Etwa 1950 stellte sich heraus, dass Sohn Peter zwar das Ingenieurstudium begonnen hatte, um später mit dem Vater zusammenzuarbeiten, nun aber das gleichzeitig betriebene Physikstudium bevorzugte und in die Forschung gehen wollte. Einerseits mit Enttäuschung aber auch mit etwas Stolz hat Hans Waloschek zugestimmt und die neue Lage hingenommen.

1953 hat sich Waloschek bei einem Unfall am Bau ein Bein kompliziert gebrochen. Davon blieb ihm für den Rest seines Lebens ein steifes und gelegentlich schmerzendes Knie. Peter nahm sich Urlaub (er hatte schon eine Stelle als Physiker in der argentinischen Atomkommission), schob einige Prüfungen auf und erledigte die Baubesuche.

Mit einer gewissen Genugtuung beobachtete Hans Waloschek wie im Jahr 1954 seine beiden Kinder Jutta und Peter eine akademische Ausbildung abschließen konnten.

Jutta hatte nach erfolgreichem Abschluss der Kunstschule in Buenos Aires den Titel „Magister" in Malerei an der Akademie der Bildenden Künste am Schillerplatz in Wien erhalten und Peter zuerst das Diplom und dann den Doktortitel in Physik und Mathematik an der Universität Buenos Aires.

Im Dezember 1954 hat Peter eine längere Studienreise nach Europa angetreten. Als zukünftiger Partner für seinen Vater schied er einstweilen aus.

1955 hat Tochter Jutta den Ingenieur **Frank Memelsdorff** geheiratet, der in Argentinien studiert hatte und auch für Bauten unterschriftsberechtigt war. Er hat dies auch für Hans Waloschek vorübergehend übernommen. Das junge Paar hat in Zusammenarbeit mit Hans ein sehr modernes **Chalet in San Isidro** entworfen und gebaut.

Hans Waloschek hatte schon um 1954 ein Atelier in der Stadt Buenos Aires (25 de Mayo 340) in dem er nach 1955 auch

Haus Memelsdorff in San Isidro.

71

Grete und Hans Waloschek mit ihrem Institec-Auto.

einen Zeichner, den Herrn **Martin Raschkes,** beschäftigte. Mit Frank Memelsdorff, Grete, Jutta und einer Freundin von Jutta, träumte er von der Gründung einer Baufirma, was allerdings eine Illusion blieb, da alle außer ihm anderes im Leben vor hatten.

Einige größere Aufträge haben es Hans Waloschek erlaubt, sich 1956 ein lange erwünschtes Auto zu kaufen. Es war zuerst ein in Argentinien hergestellter Sportwagen Marke „Institec" mit einer fortschrittlichen Karosserie aus Fiberglas und einem zünftigen Porsche-Motor. Später hatte er noch andere Autos, mit denen er seine weit um Buenos Aires verstreuten Baustellen besuchen konnte.

Ab 1957/58 hat sich die Auftragslage in Buenos Aires wesentlich verschlechtert. Mangelhafte Zahlungsmoral der Kunden und eine zunehmende Inflation machten Waloschek das Leben schwer. Es wurde über eine Rückkehr nach Europa nachgedacht. Vorsorglich wurde im September 1957 beim Bundesministerium für Unterricht in Wien eine Bestätigung der Berechtigung zur Führung der Standesbezeichnung „Ingenieur" angefordert und erhalten, da anscheinend frühere Dokumente darüber damals nicht auffindbar waren.

Waloscheks Frau Grete mit Tochter Jutta und Enkelchen Felix fuhren Mitte 1958 auf etwa zwei Monate nach Wien. Neben Familienbesuchen hat sich Grete damals auch um die aus früherer Zeit entstandenen Ansprüche auf eine Rente in Österreich und in Deutschland für sich und für ihren Mann erkundigt. In Argentinien waren die eingezahlten Beiträge aufgrund der Inflation so gut wie wertlos geworden.

Grete nahm auch Kontakt mit Freund **Ernst Bodien** auf, damals Vorsitzender des „Verbandes Berliner Wohnungsbaugenossenschaften und -gesellschaften". Er hatte schon vorher vorgeschlagen, dass es für Hans am vorteilhaftesten wäre, noch einige Jahre in Deutschland zu arbeiten um Anspruch auf eine deutsche Rente zu bekommen. Die **„Neue Heimat"**, als Nachfolgerin (unter vielen anderen) der DEWOG-Berlin und der GEWOG-Dresden , wäre eine geeignete Stelle dafür, und Bodien hat sich angeboten, das dafür Nötige einzuleiten. Darüber hat Grete bei ihrer Reise mit **Ernst Bodien** und auch mit **Richard Linneke** gesprochen.

1.5 Bei der „Neuen Heimat" Hamburg

Im Frühjahr 1959 beschloss das Ehepaar Waloschek eine Erkundungsreise von etwa drei Monaten nach Europa zu unternehmen. Sie kamen am **6. Juli 1959** mit der „Claude Bernard" über Le Havre in Hamburg an. In Hinblick auf eine Rückkehr nach Argentinien wurde das in Martinez gemietete Haus noch behalten. Dort blieben auch alle Möbel und praktisch alle Arbeitsunterlagen.

In Hamburg wurde Waloschek tatsächlich auf Empfehlung von **Ernst Bodien** (und wahrscheinlich auch von **Richard Linneke**) bei dem damaligen Großunternehmen **Neue Heimat** erst vorübergehend und später fest eingestellt. Er bearbeitete einige Sonderprojekte.

Eines seiner ersten Vorhaben war ein Bericht über die praktisch aus dem Nichts entstandene „künstliche" Stadt **Brasilia** im Inneren Brasiliens, in die 1960 die brasilianische Regierung ihren Sitz verlegen sollte. In Argentinien hatte man diese Entwicklung mit großem Interesse verfolgt und Waloschek hatte sich darüber viele Unterlagen und Abbildungen besorgt. Sein Bericht wurde in der Monatszeitschrift der Neuen Heimat, im Mai 1960 veröffentlicht **[WH60]**. Ein weiterer 15seitiger Bericht mit vielen Bildern, diesmal über die Stadt **Wien** und zum Thema „Städtebauliche Aufgaben für mehr als eine Generation", erschien im Juni 1961 in der gleichen Zeitschrift **[WH61]**.

Aber dann gestaltete sich die Arbeit recht mühsam. Der Idealismus der Siedlerbewegung war nicht mehr vorhanden, worüber Hans stark klagte. Viele Kollegen und vor allem leitende Angestellten machten ganz offen nebenbei private Baugeschäfte – was auch später zum Zusammenbruch der Neuen Heimat führte.

Waloschek wurde einem Team zugeordnet, das ein Projekt für Wohnhäuser aus vorgefertigten Elementen ausarbeiten sollte. Die Leitung hatte ein anderer Architekt und Waloschek hatte dabei wohl auch andere Vorstellungen. Er war gewöhnt, seine eigenen Ideen zu realisieren, und nicht nach Anweisung anderer zu arbeiten. Das Projekt wurde aber bald ganz abgeblasen. Außerdem hatte er beim Zeichnen schon erste Schwierigkeiten mit seinen Augen.

Als Rückwanderer bekamen die Waloscheks eine Soforthilfe von 6.000 DM Sie beantragten damals auch eine Entschädigung („Wiedergutmachung") als politisch Verfolgte. Zum entsprechenden Antrag haben mehrere Freunde (darunter **Hans Geiser, Alfred Kiss** und **Walter Opitz**) eidesstattliche Erklärungen abgegeben. Über das Ergebnis sind keine Belege vorhanden, aber der Antrag wurde wahrscheinlich abgelehnt, da Hans kein deutscher Staatsbürger war. Laut der erst zugesagten aber dann von den Nazis abgelehnten Einbürgerung galt er als Österreicher. Und im Nachkriegsösterreich gab es keine „Wiedergutmachung" für Opfer, die aus Deutschland vertrieben wurden.

Die **„Organsation International de Travail" (OIT)** in Genf, in Verbindung mit dem **Deutschen Gewerkschaftsbund (DGB)**, suchte damals kompetente Entwicklungshelfer für ihre Projekte. Die **Neue Heimat** unterstützte mehrere dieser Initiativen. Darunter befand sich 1962 auch der zweite Bauabschnitt einer Stiftung des DGB, das **Berufsausbildungszentrum „Taraco"** in den peruanischen Anden, das auch Teil des **Anden-Programms der Vereinten Nationen** war.

Auf Grund seiner Erfahrung, seiner Kenntnisse Südamerikas und der Sprache, war Hans Waloschek für das Taraco Projekt besonders geeignet. Es wurde ihm vorgeschlagen die Betreuung zu übernehmen und er hat zugestimmt. Er durfte auch seine Frau als „Berichterstatterin" mitnehmen, für die er allerdings die Reisekosten selbst bezahlen musste.

Hans brauchte seine Grete nämlich wirklich, nicht nur wegen der Schreibarbeiten, dem Kochen und den sauberen Hemden, sondern auch wegen seiner schon ziemlich angeschlagenen Gesundheit. Seine Kopfschmerzen und Depressionszustände waren nie besser geworden, er hatte anscheinend sehr hohen Blutdruck. Und er hatte weiterhin Probleme mit den Augen. Sein Augendruck musste überwacht und mit Medikamenten herabgesetzt werden, da sich sonst der schon diagnostizierte grüne Star verschlechtern könnte. Über letzteres hatte ihn der Augenarzt in Hamburg jedoch nicht genügend aufgeklärt, und er hat die verschriebene Behandlung auf der dann folgenden Perú-Reise sträflich vernachlässigt und dies, obwohl Grete immer einen prall gefüllten Beutel mit Medikamenten bei sich hatte. Und eine Trübung der Augenlinsen wurde auch schon festgestellt (grauer Star).

Im Juli 1962 ist das Ehepaar Waloschek über Genf und Santiago de Chile nach Lima geflogen und wurde dort von einem Staatssekretär empfangen. Im November 1962 sind sie nach **Puno** am Titicaca-See (im Südosten Perús, in 3850 Meter Höhe) übersiedelt. Von dort aus sollte der Bau mehrerer Gebäude im etwa 90 km entfernten Ort **Taraco** geleitet werden. Für diese Strecke musste man eine Erd- und Schotterstraße benutzen, die eine 4200 Meter über dem Meeresspiegel liegende Hochebene überquerte. Es wurde dafür erst ein Jeep (mit Fahrer) und später ein Citroën 2cv (ohne Fahrer) zur Verfügung gestellt, also eine sogenannte „Ente" mit einem Zweizylindermotor, der aber in der dünnen Höhenluft einwandfrei lief. Dagegen war es sehr schwierig in der Regenzeit (um den Monat Februar herum) die überschwemmten Straßen

Panorama der Taraco-Anlagen in einer Fotomontage von Hans Waloschek.

Bauarbeiten im
Berufsausbildungszentrum „Taraco".

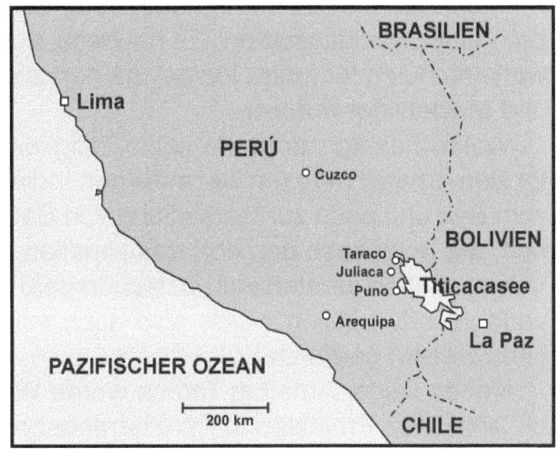

Orientierungsplan
Perú und Taraco

zu benutzen. Man orientierte sich streckenweise nur an den noch sichtbaren Randsteinen, die offensichtlich von erfahrenen Fahrern aufgestellt waren.

Etwa 25 km von Taraco entfernt liegt der Ort **Juliaca** (etwa 25.000 Einwohner), in dem man auch übernachten konnte. In Taraco selbst gab es noch keine Wohnmöglichkeiten. Über ihre erste Ankunft in Juliaca hat Grete am 24. August 1962 berichtet:

„Wir leben in einem Gasthof am Bahnhofsplatz. Unser Gran Hotel Barrientos ist für hiesige Verhältnisse komfortabel. Es hat ca. 80 Betten in zwei- bis vierbettigen Zimmern, 10 Mann Personal, mehr als 10 Familienangehörige des Besitzers, also zusammen bei Vollbelag, (was selten vorkommt, z.B. an Feiertagen) 100 Personen. Für alle gibt es im Obergeschoss 1 Klosett und im Erdgeschoss im Hof (patio) neben unserem Zimmer das 2. Klo mit einer Brause, die jedoch nur für Auserwählte (wie wir) ausnahmsweise warmes Wasser vom Speicher in der Küche bekommt. Unser Zimmer ist das einzige mit einem Wasserhahn, allerdings nur kalt und nur, wenn Wasser im Tank auf dem Dach ist. Als Abfluss hat das Waschbecken einen Eimer untergestellt. Wir sind aber froh, wie Ihr Euch denken könnt, überhaupt wenigstens zeitweilig fließendes Wasser zum Teekochen zu haben ..."

Nach einiger Zeit haben Hans und Grete eine Wohnung in Puno gefunden, in der es ein Bad mit wassergespültem Klosett und eine Küche gab. Eine sehr nette achtzehnjährige Indianerin kam halbtägig mit ihren zwei Kindern und hat dort den Haushalt übernommen. Hans und Grete hatten auch eine zweite Unterkunft auf einer Estancia des Wohnungseigentümers, in der Nähe von Taraco.

Das Berufsausbildungszentrum in Taraco bestand aus mehreren spezialisierten Werkstätten, Wohnhäusern für Lehrer und Schüler und (im Endausbau) einer Sanitätsstation. Es handelte sich um staatlich anerkannte Handwerkerschulen für junge Indios, die dort zwei Jahre unentgeltlich beherbergt und ausgebildet wurden.

Waloschek konzentrierte seine Tätigkeit besonders auf das Anlernen der lokalen Arbeitskräfte (im wesentlichen Indianer verschiedener Volksgruppen) zum Bau und auch zur Herstellung von Baumaterialien, sowohl nach modernen, wie auch nach den dort traditionellen Methoden, die zum großen Teil in Vergessenheit geraten waren. Neben dem Einsatz von Beton und aus Beton vorfabrizierten Teilen wurde also auch mit den altbewährten ungebrannten Lehmziegeln gearbeitet.

Neben seiner Arbeit in Taraco wurde Waloschek mehrmals zur Beratung bei ähnlichen Projekten in Perú herangezogen. Es gab dabei enge Kontakte zu US-Amerikanischen und Europäischen Gewerkschaften und Genossenschaften.

Auf der Sand- und Schotterstraße zwischen Juliaca und Taraco hatten die Waloscheks am **20. Oktober 1963** einen schweren **Autounfall.** Das Fahrzeug (Jeep) hatte einen mechanischen Defekt, Hans konnte es nicht mehr kontrollieren und fuhr in einen zwei Meter tiefen Seitengraben. Das Fahrzeug überschlug sich mehrmals, wobei Hans schwer verletzt wurde und Grete aus dem Wagen fiel und sich dabei das rechte Schultergelenk auskugelte. Der Arm war nach hinten verdreht und sie konnte ihn nicht bewegen.

Sie hatten Glück, dass zu der Zeit noch jemand vorbeikam und sie in das nächste Krankenhaus transportierte. Dort traute sich keiner der Sanitäter an Gretes Schulter. Erst nach einigen Tagen fanden sie in einem anderen Krankenhaus einen Arzt, der bereit war, die Schulter einzurenken. Es dauerte nun einige Wochen, bis Grete sich genügend erholt hatte.

Bei dem Unfall erlitt Hans eine Gehirnerschütterung mit Knochenbruch (Schläfe) und Verletzungen an beiden Knien (besonders an dem schon früher beschädigten). Er wurde ohnmächtig in das Adventisten Krankenhaus „Clínica Americana" eingeliefert. Dort hat ihn ein in Buenos Aires ausgebildeter (und deshalb sehr angesehener) Arzt behandelt und später mit geeigneten Pillen und Übungen von seinen zurückgebliebenen Rückenschmerzen befreit, nicht aber von seinen Kopfschmerzen. Aber Hans lies sich nicht entmutigen und arbeitete nach einer Pause weiter an der Fertigstellung seiner beruflichen Aufgaben.

Am **20. Dezember 1963** hat Waloschek die neuen Gebäude des Taraco-Zentrums an die zuständigen Behörden übergeben und ist kurz danach wieder in Europa eingetroffen.

In Hamburg hat Hans Waloschek die Betreuung eines weiteren Entwicklungs-programms der Neuen Heimat übernommen, und zwar die Erweiterung der Anlagen der Siedlungsgenossenschaft **„Pindorama"** im Nordosten Brasili-ens, in der damals schon 6000 Menschen auf einer Fläche von 34.000 ha arbeiteten. Es sollte neben mehreren spezialisierten Werkstätten auch ein Krankenhaus, 150 Wohnhäuser, Schulen und ein Einkaufszentrum gebaut werden, für die später erwarteten etwa 12.000 Einwohner.

Eine detaillierte Planung der verschiedenen Vorhaben und des Bedarfs an Materialien und Einrichtungen wurden von Waloschek in Hamburg 1964 erstellt. Auf Grund des extrem tropischen Klimas in der Pindorama-Gegend, musste er auf eine Leitung der Arbeiten vor Ort aus gesundheitlichen Gründen verzichten.

Ab **1. Januar 1965** wurde Hans Waloschek ein **Ruhegehalt** der Neuen Heimat zugesprochen (1.400 DM/Monat). Er hat sich dabei verpflichtet, keinerlei pri-vate Architektur- oder Bautätigkeit mehr auszuüben, die mit der Neuen Heimat irgendwie in Konkurrenz stehen könnte. Eventuelle Einkommen hätte er bei der Neuen Heimat anmelden und möglicherweise sogar abtreten müssen. Als Konsulent sollte er aber weiterhin der Neuen Heimat zur Verfügung stehen. Daran hat er sich auch strikt gehalten. Die Zeit bei der DEWOG/GEWOG in Dresden und die Jahre danach wurden ihm bei der Berechnung des Ruhe-gehalts anscheinend als „gearbeitet" angerechnet, da sonst sein Ruhegehalt wesentlich geringer ausgefallen wäre (etwa 450 DM/Monat), was für das Überleben in Hamburg nicht ausgereicht hätte.

Im **März/April 1965** hat Waloschek (diesmal ohne seiner Frau) noch eine Reise nach Südamerika im Auftrag der Neuen Heimat unternommen und dabei auch **Lima**, **Santiago de Chile**, **Buenos Aires** und schließlich auch **Pindorama** besucht. Auf Veranlassung des Vorstandsmitgliedes der Neuen Heimat **Albert Vietor** traf er sich dort mit dem DGB-Vorsitzenden **Willi Rich-ter** zu einer Besichtigung der Pindorama-Anlage. Beim damaligen Besuch in Lima konnte Waloschek feststellen, das die für die Krankenstation des

Ausbildungszentrums Taraco bestimmten Röntgeneinrichtungen zwar in Lima angekommen waren und vom Zoll abgefertigt wurden, jedoch auf dem Weg nach Taraco spurlos verschwunden sind. Es war eine große Enttäuschung! Es ist möglich, dass Waloschek bei dieser Reise auch die Stadt Brasilia besucht hat, worüber aber nur Andeutungen vorhanden sind.

Im August 1965 haben sich die Waloscheks schließlich entschlossen ihr gemietetes Haus in Martinez (Buenos Aires) aufzugeben. Bei der späteren Entrümpelung wurde festgestellt (wie schon früher erwähnt), dass ein großer Teil der Bauunterlagen und Schriftstücke in dem feuchtwarmen Klima der Stadt Buenos Aires durch Schimmelbefall zerstört waren. Jutta konnte nur einige Schriftstücke und Fotografien retten, die bis jetzt nur zum Teil eingesehen werden konnten. Weitere Dokumente befinden sich möglicherweise in einem später angelegten Familienarchiv auf der Estancia San Anselmo (bei Coronel Suárez, Prov. Buenos Aires).

Das Ehepaar Waloschek pendelte nun zwischen ihren beiden Wohnungen in Wien und Hamburg hin und her. Hans bevorzugte die Hamburger Umgebung, Grete die Wiener. In Hamburg wohnte seit Juni 1968 auch Sohn Pedro (Peter) mit seiner Frau Inez und seinen zwei Kindern Karen und Nick. Solange Hans und Grete in Hamburg waren gab es wöchentliche Familientreffen.

Hans und Grete Waloschek, Hamburg,1980.

Am 28. November 1983 ist Hans in der Wiener Wohnung ausgerutscht und hat sich dabei den linken Oberschenkelhals gebrochen. Nach mehreren Wochen in einer Rehabilitationsklinik war er danach an einen Rollstuhl gebunden. Mitte 1985 hatte er einen Schlaganfall und wurde mehrmals im Krankenhaus gepflegt, aber dann auf eigenen Wunsch nach Hause entlassen, wo er am **28. Oktober 1985** friedlich eingeschlafen ist. Seine Urne liegt im Wiener Zentralfriedhof, im Grab der Familie Stark. Grete hat ihn noch fast sieben Jahre überlebt, wohnte die letzte Zeit in einem schönen Schwestern-Schulheim in Pitten (südlich von Wien) und starb am 5. Mai 1992. Nach ihrem Wunsch wurde sie im Friedhof Hadersdorf-Weidlingau (bei Hütteldorf) beigesetzt, im Grab der Emma Waloschek (Mutter von Hans Waloschek) und des Ehepaars Vanecek.

———

1.7 Chronologie Hans Waloschek

Die hier zusammengefassten Daten stammen überwiegend aus Dokumenten die sich im Nachlass von Hans und Grete Waloschek befinden **[WaHH]**. Eingerückte Angaben in Kursiv beziehen sich auf die Familie von Hans Waloschek oder auf Ereignisse, an denen Hans Waloschek nicht direkt beteiligt war. Geschichtliche Ereignisse **[Ha82]** sind in doppelten Klammern *[[..]]* eingeschlossen.
Stand September 2008.

* = Geboren	**HW** = Hans Waloschek
† = Gestorben	**GW** = Grete Waloschek, geb. Stark

JJJJ-MM-TT
*1866-05-11   * Johann Waloschek (Vater von **HW**) in Teschen.*
*1870-10-23   * Karl Stark, (Vater von **GW**) in Trencsin.*
*1871-03-14   * Emma Maria Frömel (Mutter von **HW**) in Mährisch-Schönberg.*
*1874-04-07   * Antonia (Toni) Maria Wosahlo (Mutter von **GW**) in Wien.*
*1898-05-17   * Willhelm (Willi) Waloschek, (Bruder von **HW**) in Wien.*

1899-07-13   * **Johann Karl (Hans) Waloschek in Wien geboren.**
*1902-08-31   * Margaret(h)e (Grete) Stark (**GW**) in Wien.*
1905-09-16   (bis 1910-09-07) allgemeine Volksschule in Wien
*1906-07-31   * Emma Marie (Emmy) Waloschek (Schwester von **HW**) in Wien.*
*1908   † Johann Waloschek (Vater von **HW**) in Wien.*
1910-09-07   (bis 1913-07-14) öffentl. Knaben-Bürgerschule in Wien.
1913-09-16... Öffentl. fachl. **Fortbildungsschule für Baugewerbe** in Wien III.
1913-09-30   (bis 1914-03-28) Maurerlehre bei **F. Wafler & A. Blahovec**, Wien III.
1914-03-29   (bis 1915-09-25) Maurerlehre bei **Christof Jahn**, Wien V.
1914-06-28   [[Attentat von Sarajevo, Erster Weltkrieg beginnt.]]
1915-09 ...   **Baufachschule** an der **Höheren Staatsgewerbeschule** in Wien I.
1916-07-17   (bis 1916-09-09) Maurerlehre bei **Ferdinand Schindler,** Wien.
1916-09-30   **Lehrbrief als Maurergehilfe.**
1917-   Abendtätigkeit als Statist im Theater an der Wien.
1918...   Freundschaft mit **Raúl Pérez-Irigoyen**.
1918-07-02   (bis 1918-09-30) bei Arch. Prof. **Carl Seidl,** Wien.
1919-08-01   (bis 1920-01-28) im Atelier **Georg Karau,** Wien IV.
1919-07-02   **Reifezeugnis (Ing.)** an der **Baufachschule der Höheren Staatsge-werbeschule** in Wien I.
1920-02-01   (bis 1921-11-30) bei Ing. **Alfred Paats** (Sportanlagen), Leipzig.
1921-12-01   (bis 1922-05-15) bei Prof. **S. Theiss** und **H. Jaksch,** Wien.
1922...   Mitglied in der Siedlergemeinschaft „**Reformsiedlung Eden**".

1922-05-15	(bis 1922-12-31) Mitarbeiter in der **Siedlungs- Wohnungs- und Baugilde Österreichs** (Bauleiter). Arbeit u.a. mit **Otto Neurath.** Dort **Grete Lihotzky** und **Grete Stark** (**GW**) kennengelernt.
1922-11-06	Austritt aus der katholischen Kirche
1923-01-01	(bis 1925-06-30) Mitarbeiter in der technischen Abteilung des „Österreichischen Verbandes für Siedlungs- und Keingarten-wesen". Bauleitung der Siedlungen **Hirschstätten, Knittelfeld, Fürstefeld, Graz** und **Schönau** und **Vertreter des Leiters.**
1923-09...	Mitglied: „Sozialdemokratische Arbeiterpartei Deutschösterreichs".
1924-1925	**Hausbau** mit Bruder Willi in der Siedlung Eden.
1925-06-01	*Erster Entwurf Bebauungsplan Dresden-Trachau.*
1925-06-30	**Ende der Tätigkeit im Siedlerverband.**
1925-07-01	Arbeiten für mehrere Siedlungsgenossenschaften in Österreich.
1926	Italienreise (Dolomiten) mit **GW**.
1926-03	*Zweiter Entwurf Bebauungsplan Dresden-Trachau.*
1926-12	Reise über Holland nach Berlin, zur **DEWOG**, Arch. **Richard Linneke,** auf Empfehlung des Bundes technischer Angestellten (Wien)**.**
1927-02-15	(bis 1928-02-29) **Angestellt bei Arch. Willi Ludewig,** Berlin, Mitar-beit am Projekt **Ortskrankenkasse in Brandenburg/H.** und wei-tere Vorhaben in **Brandenburg/H., Luckenwalde, Senftenberg, Guben, Velten, Gr. Räschen, Teltow, Frankfurt a/Oder.**
1927-03	Freundschaft mit Dr. Ernst Bodien – **Berliner Freundeskreis.**
1927-12-24	Standesamtliche Hochzeit mit **GW** in Wien (beide „konfessionslos").
1928-01-05	*Gründung der „Volkshaus Riesa GmbH".*
1928-03-01	**Einstellung bei der DEWOG-Berlin.** Wird nach Dresden zur Grün-dung der GEWOG-Dresden geschickt. Bis 1930-03-31: **Techn. Leiter der GEWOG-Dresden,** Geschäftsführer **Richard Rösch.**
1928-03-01	(bis 1932-10-31) Überblick der durchgeführten Bauten: **Das Volkshaus Riesa.** **Die Wohnblocks am Volkshaus Riesa.** **Die Großsiedlung Dresden-Trachau** (etwa 1/3). **Die Häuser an der Sonnenlehne,** Dresden-Trachau. **Jahrtausendsiedlung Meißen-Bohnitzsch,** Großenhainer Str. **Häuser in Dresden-Gittersee,** Karlsruherstraße 128 und 130**.** **Das Volkshaus (Arbeiterheim) Schönheide.** **Die GEWOG-Häuser in Dresden-Wölfnitz,** Düsseldorfer Str. **Die GEWOG-Häuser in Dresden-Coschütz,** Poisenweg. **Spar + Baugenossenschaft in Riesa-Gröba",** Steinstr./Oststr. **Städtischer Wohnungsbau in Riesa,** Heinrich-Heine-Str.

Die DEWOG/MIWOG-Häuser in Dessau-Törten.
Noch nicht identifizierte Vorhaben in:
Freiberg, Meißen, Plauen, Chemnitz, Lugau, Stollberg, Weissen-fels und **Rosswein.**

1928-05-07	Eintragung der GEWOG-Dresden in das Dresdner Handelsregister.
1928-12-10	Führerschein in Dresden ausgestellt.
1929-06-12	** Sohn Peter (Pedro) Waloschek in Dresden.*
1929-07-27	Grundsteinlegung Volkshaus Riesa.
1929-08	Baupläne „Arbeiterheim Schönheide" eingereicht.
1929-10-11	Haus in der Siedlung Eden (Wien) an Schwester Emmy übertragen.
1929-10-24	*[[Beginn der Weltwirtschaftskrise, Börsensturz.]]*
1930	Baubeginn „Jahrtausendsiedlung" in Meißen, Großenhainer Str.
1930	Bauleitung der Siedlung in Dessau-Törten (Arch. Richard Paulick).
1930-03-01	Eröffnungsfeier Volkshaus Riesa.
1930-04-01	(bis 1932-10-31) **Leiter der Zweigniederlassung Sachsen der DEWOG (Berlin)** mit **Zweigstelle Leipzig** und gleichzeitig **ehrenamtlicher Geschäftsführer der GEWOG-Dresden.**
1931-08-15	** Tochter Jutta Waloschek in Dresden.*
1932-08-27	**Antrag auf Einbürgerung in Deutschland.**
1932-10-21	**Entlassungszeugniss der DEWOG** (zum 31.10.1932)
1932-10-31	**Einstellung der Bautätigkeit der DEWOG und GEWOG-Dresden.**
1932-11-01	**Entlassungszeugniss der GEWOG-Dresden.**
1932-11-01	(bis Dez. 1933) **Selbstständiger Architekt in Dresden**, Bauten: **Einfamilienhaus Arthur Linke,** Omsewitz, Martin-Opitz-Str. 9 **Zweifamilienhaus Walter Linke,** Omsewitz, Martin-Opitz-Str. 11. **Wohnhaus Rudolf Klotzsch,** Omsewitz, Martin-Opitz-Str. 13. **Einfamilienhaus Dr. Kurt Schäfer** (Dresden-Prohlis). Wahrscheinlich nicht ausgeführte oder stornierte Projekte: Erweiterung der **Großsiedlung Dresden-Trachau** (115 WE), Siedlung „Löbtau" in **Dresden-Nausslitz/Wölfnitz** (60 WE), Einfamilienhaus **Rudolf Linke**, Umbau von Büros im **Volkshaus Dresden,** Sechsfamilienhaus H. **Schwalbe**, Kohlenstr., Dresden-Coschütz, Planung von Wohnungen für die **Deutsche Werkstätten.**
1933-01-30	*[[Hitler wird zum Reichskanzler ernannt.]]*
1933-03	*Richard Rösch verschleppt und misshandelt.*
1933-04	Familie in Volkersdorf (bei Dresden) auf Bauernhof versteckt.
1933-04...	(bis 1933-11) Unterschlupf **bei Walter Opitz, Virchowstraße 28.** Tätigkeit als **Fluchthelfer** für Verfolgte. Mehrmals von SS und SA verhört.
1933-05-10	*[[Offizielle Enteignung der Parteien und Gewerkschaften.]]*
1933-06	Versand der **Möbel nach Wien.**
1933-06-03	**Ablehnung der beantragten Einbürgerung.**

1933-06-21	*[[Verbot der SPD, Verhaftung der Funktionäre.]]*
1933-07-04	*GW mit Kindern nach Wien.*
1933-07-12	*GW wieder zurück nach Dresden.*
1933-09-27	*GW endgültig zurück nach Wien.*
1933-10	Auftragsstornierungen, Honorarverluste über 12.000 RM.
1933-11-12	*[[Ja/Nein „Wahl" für Hitlers Außenpolitik. Über 95% „Ja".]]*
1933-12-07	**Anstehende Verhaftung, Flucht bei Nacht aus Dresden**
1933-12-08	**Ankunft in Wien.**
1934	(bis 1936) Etwas Arbeit bei Ing. **Artur Biber**, Wien.
1934	Einige Monate teure Wohnung in Wien XIII, Schweizerthalerstr. 54.
1934-02	*[[Bürgerkrieg in Österreich – Schießereien in Wien.]]*
1934-04	Problematische Unterkunft bei Schwiegereltern (Sonnenuhrgasse).
1934-04-15	Fällt vom Fahrrad und bricht sich das Handgelenk.
1934-10…	(bis 1935-11-21) TH-Wien: Vorlesungen über **„Künstlerische Werbetechnik"** und **„Ornamentale Schriften"**.
1935-02-15	(bis 1935-04-15) Handels-Akademie (Gewerbeschein): **„Werbeberatung"** und **„Auslagen - Arrangeurgewerbe"**.
	Etwas Arbeit mit Dr. **Otto Ehrlich**, Wien. OBI-Apfelsaft-Werbung.
1935	Gelegentliche Arbeitslosenunterstützung in Wien.
1935-04-06	**Wiedereintritt in die kath. Kirche** (mit **GW**), „convalidierung" der Hochzeit. Kinder werden römisch-kath. getauft.
1935-09-29	*Willi Ludewigs Flucht aus dem Fliegerhorst Oschatz.*
1935-11-19	*Ludewig und Fam. nach Buenos Aires, Kontakt mit HW.*
1936-08-21	**Touristenvisum nach Argentinien** in Paris ausgestellt.
1936-09-17	Reise von Wien über Mailand nach Marseille, Familie bleibt in Wien.
1936-09-20	**Einschiffung in Marseille** nach Buenos Aires (in der „Florida").
1936-10-10	**Ankunft in Buenos Aires,** wohnt erst bei Willi Ludewig.
1936-1947	Arbeit bei und mit **Raúl Pérez Irigoyen**, u.a.:
	Planung der **Weltausstellung 1937** (Buenos Aires).
	Bauten im Zentralfriedhof Chacarita der Stadt Buenos Aires.
	Hotel **„El Peñón"** in Córdoba.
	„Golf-Hotel" Alta Gracia (Córdoba).
	Chalet Rizori.
	Chalet Vehil.
	Planung **Rathaus** in Córdoba.
	Bauberatung der **Fa. THYSSEN-LAMETAL.**
	Chalet Elvira P. de Casas, La Falda (Córdoba).
	Chalet Dr. Miguel Culaciati, Huerta Grande (Córdoba).
1937-01-27	Unbefristete Aufenthaltsgenehmigung in Argentinien.
1937-04-29	*GW mit Kindern: Einschiffung („Oceania") in Triest nach Bs. As.*
1937-05-16	*GW mit Kindern: Ankunft in Buenos Aires.*

1937-06	*Eigene Wohnung in Pasage Seaver 1656, Buenos Aires.*
1938-03-13	*[[„Anschluss" Österreichs an Deutschland.]]*

1938-1952 In Zusammenarbeit mit **Carlos Fromm** u.a.:
Stahlfabrik JOHNSON ACERO in Quilmes (Prov. Bs. As.).
Kirche „San Benito" in Palermo, Stadt Buenos Aires.
Kloster „Santa Escolástica" in Victoria (Prov. Bs. As.).
Klosterschule „Santa María de Los Toldos" (Prov. Bs. As.).
Siedlung für Bergwerk YACIMIENTO RÍO TURBIO in Patagonien.
Siedlung für Bergwerke SIMITA und INCA (Zapala, Neuquén).
Erweiterung der Fabriken FORTALIT und CONDOR.
Agrarschule „C. Sanchez".

1938-1941 Privatkunde: **Chalet-Erweiterung Alfredo Gölitz,** Florida (Bs.As.).
Im Nachlass erwähnte **Privatkunden** (Chalets?): **Delipetar, Eeroms, Machiavello, Spandri.**
Aufträge des Arch. **Alberto Rodriguez Etcheto.**

1939	Übersiedlung (mit Familie) nach Vieytes 864, Martinez (Bs.As.).
1939-03-03	*GEWOG-Dresden in „Neue Heimat" umbenannt*
1939-09-01	*[[Deutsche Truppen besetzen Polen. 2. Weltkrieg.]]*
1939-12-17	*[[Graf Spee im Río de la Plata gesprengt.]]*
1940	Ein Auftrag von **Willi Ludewig.**
1940-11-14	*[[Coventry von deutschen Bombern zerstört.]]*
1942	Für Carlos Fromm: **Besuch Kohlebergwerke Zapala** (Neuquén).
1942	Übersiedlung (mit Familie) nach Las Heras 1942, Martinez (Bs.As.).
1942...	Pedro (Peter) hilft als Bauzeichner.
1943-02	*[[Der Kessel von Stalingrad.]]*
1943-06-04	*[[Militärputsch in Argentinien, Perón wird Diktator.]]*
1943-06	*[[Erste V1-Bomben auf London.]]*
1943-07-25	*[[Operation Gomorrha: Bomben auf Hamburg.]]*
1944-09	*[[Erste V2-Bomben auf London und Antwerpen.]]*
1945-02-13	*[[Das alte Dresden durch Bombernangriffe zerstört.]]*
1945-05-07	*[[Bedingungslose Kapitulation Deutschlands.]]*
1946-1950	**Chalet Enderle**
1946-1952	**Umbau Chalet Kurt Flintsch** in Martinez (Bs.As.).
1946-1948	**Chalet Ilse von Rentzel** (später **de Atkinson**) In San Isidro (Bs.As.).
1946-1949	**Essigfabrik HÜSER von** Maximo Rath & Co., mit **Carlos Spörk.**
1946-12-27	*† Emma Waloschek (Mutter von HW), in Wien.*
1947	**Umbau Einfamilienhaus Adolfo Faag** in Martinez (Bs.As.).
1947	**Chalet-Projekt für W. Reinke** in San Isidro (Bs.As.).
1949	**Mehrere Chalets** für die Baufirma **Juan Weinstein.**
1950	**Wochenendhaus Alfredo Réndina** in Las Barrancas (Bs.As.).
1950	**Chalet Enrique Imholt,** Martinez (Bs. As.).

1950-06	*[[Beginn des Koreakrieges.]]*
1951-02-27	*† Karl Stark (Vater von **GW**) in Wien.*
1951-1954	**Umbau Einfamilienhaus Dr. Heriberto Rastalski.**
	Wohn- und Geschäftshäuser „El Bolsón" von Nicolás Thesz.
	Chalet Ing. W. Scheib in Martinez (Bs.As.)
	Einfamilienhaus Arturo Karpeles y Sra. in Vicente Lopez (Bs. As.).
	Einfamilienhaus Ilona M. de Faltin, in Vicente Lopez (Bs.As.).
	Einfamilienhaus Chalet Dr. César Cardini in La Lucila (Bs. As.).
	Hauserweiterung Dr. R. Meyer y Sra. in San Isidro (Bs. As.).
	Planung Glasfabrik DURALIT in Sao Paolo.
1954	**Komplizierter Beinbruch** (Knie) bei Baubesuch.
1954	**Eigenes Büro** in der Stadt Bs. As. (25 de Mayo 340).
1954-07-15	*Jutta W.: Akad. Malerin, Akad. der Bildenenden Künste, Wien.*
1954-12-10	*Pedro W.: Promotion in Physik an der Univ. Buenos Aires.*
1955	*Pedro nach Europa, Jutta arbeitet in Wien und Buenos Aires.*
1955-1957	**Kino „Gran Cine Hurlingham"** (1600 Sitze) von **Carlos Spörk.**
	Einfamilienhaus Eduardo Alemann y Sra. in Martinez (Bs.As.).
	Einfamilienhaus Francisco Tyran (Stadt Bs.As.).
	Chalet mit Ing. Frank Memelsdorff (Juttas Mann) in San Isidro.
	Erstes Auto in Argentinien gekauft (Institec).
	Papierfabrik COPACA von **Adolfo Faag** in Quilmes (Bs.As.).
	Apartments im Haus **„Miraflores"** von **Adolfo Faag** in Buenos Aires
	Gästehaus **„Aluminé"** von **Adolfo Faag** in Mar del Plata (Bs.As.).
	Kino „Montegrande", Sociedad Española, Echeverría (Bs.As.).
	Hotel „La Cumbrecita", von **Reinaldo Schefski,** Córdoba.
	Einfamilienhaus Dr. M. E. Köttner y Sra., Olivos (Bs.As.).
	Einfamilienhaus Ernesto Scheer, Olivos (Bs.As.).
	Chalet Helena Eckhoff de Stypmann, Juan B. Justo (Bs.As.).
1956-08	*[[Inflation in Argentinien, Suezkrise.]]*
1957-09-04	Bestätigung der Standesbezeichnung "Ingenieur" ("Ing.") aus Wien.
1957	**Planung Einfamilienhaus Sr. y Sra. Schiller,** Florida (Bs.As.).
1958-02-10	Unfall im Haus: Rippenbruch.
1956-08	*[[Starke Inflation in Argentinien]]*
1958-06	**Erweiterung Fabriksanlage HULYTEGO,** Bs.As.
1958-06	***GW**: (bis 1958-08-09) in Wien, Sondierungen Rückkehr!.*
1959-03-20	**Planung Einfamilienhaus Julio Metsch y Sra,** Florida (Bs.As.).
1959	**Planung Chalet Gertrudis A. S. de Holler,** Villa Gesell (Bs.As.).
1959-05-17	Auto verkauft, Schiffspassagen nach Europa gekauft.
1959-06-12	Einschiffung in der „Claude Bernard" nach Hamburg (mit **GW**).
1959-07-06	**Ankunft in Hamburg** (mit **GW**). Provisorische Unterkünfte.
1959	Vorschlag für Umbau, Haus **Edi Stark** in Payerbach bei Wien.
1959-08-24	**Anstellung bei „Neue Heimat" Hamburg,**

	Bearbeitung verschiedener Vorhaben in Hamburg (Fertighäuser...).
1960-05	Bericht über **„Brasilia"** für die Monatszeitschrift „Neue Heimat".
1960-11-06	**Planung Chalet Ing. L. Spiegler**, in Hurlingham (Bs.As.).
1961-06	Bericht über **„Wien"** für die Monatszeitschrift „Neue Heimat".
1961-11-08	*† Willi Waloschek (Bruder von HW) in Wien.*
1961-11-16	Mit **GW** in die Goebenstr. 21 (Hamburg) übersiedelt.

1962-07-05	In Genf: **Internat. Arbeitsamt: Entschluss für Taraco.**
1962-07-19	Flug Hamburg-Genf (mit **GW,** Treffen mit Sohn Pedro).
1962-07-20	Flug von Genf nach Buenos Aires (mit **GW,** Besuch Memelsdoffs).
1962-07-21	Flug **von Bs. As. nach Lima** (mit **GW**). Empfang durch Staatssekr.
1962-07-21	Leitung: **Erweiterung Ausbildungszentrum Taraco**, Perú.
1962-07-28	Nach Arequipa, Eingewöhnung, Höhe.
1962-08-08	Nach Puno übersiedelt (3850 m ü.d.M.).
1962-08	Wohnung - Abwechselnd Puno - Juliaca.
1962-08	**Start der Bauarbeiten in Taraco.**
1963-10-20	**Schwerer Autounfäll. HW** und **GW** verletzt im Krankenhaus.
1963 ...	Beratungen u.a. für Oruro-Vorhaben in Perú.
1963-12-20	**Übergabe der Taraco-Bauten an die peruanischen Behörden.**
1963-12	Rückflug von Lima nach Europa (mit **GW**).
1964-04 ...	Planung der **Erweiterung der Siedlung Pindorama** (Brasilien).
1964-05-08	bis 1964-06-06: Arbeitsunfähigkeit, Unfallsfolgen 1963-10-20

1965-01-01	**Rentner mit Ruhegehalt der Neuen Heimat Hamburg.**
1965-1985	Wohnt (mit **GW**) abwechselnd in Hamburg und Wien.
1965-03-20	Reise nach **Lima** (Perú). Röntgenanlage für Taraco verschwunden!
1965-04-12	Besichtigung der **Großsiedlung Pindorama** (Brasilia?).
1965-08-18	Aufgabe des Hauses in Martinez. **HW-Archiv wird entrümpelt!**
1966-07	Ende der Bearbeitung des Projektes **Pindorama**.
1967-07-26	*† Antonia (Toni) Maria Wosahlo (Mutter von GW) in Wien.*
1968-06-01	*Sohn Pedro nach Hamburg (DESY), Familie kommt nach.*
1983-11-28	Unfall in der Wiener Wohnung, Oberschenkelhalsbruch, Rollstuhl.
1984-07-13	85. Geburtstag, Feier in Wien und Hütteldorf.
1985	Schlaganfall, halbseitig gelähmt.
1985-10-28	**† Hans Waloschek (86) in Wien gestorben.**

1985-11	*GW: Auflösung des Haushalts in Hamburg (Goebenstraße).*
1986-07	*Pedro W.: 1. Besuch der HW-Bauten in Dresden und Riesa.*
1986-08-31	*GW: 84. Geburtstag, Feier in Pitten (Seniorenheim).*
1992-05-05	*† Grete Waloschek (89) in Wien gestorben.*
1992-1993	*Modernisierung der Wohnzeile Großenhainer Straße 125-137.*
1994 ...	*Kontakt mit Dipl.-Ing. Karl-Heinz Löwel (Dresden).*
1995-1996	*Sanierung und Umbau des Arbeiterhauses Schönheide.*

1996-2000	*Sanierung/Restaurierung **Großsiedlung Dresden-Trachau**.*
1996-	*Aufklärung Bauten **Dresden-Trachau** von **Karl-Heinz Löwel**.*
1998-04 ...	*Kontakt mit Historiker **Horst R. Rein** (Dresden).*
1999-06	*Besichtigung **Waloschek-Bauten** mit **Karl-Heinz Löwel**.*
1999-07-11	***100 Jahre Hans-Waloschek-Feier** (Dresden, Meißen, Riesa).*
2000-02 ...	*3 Wochen Nachforschungen über **Bauten in Argentinien**.*
2000-11-15	*Rundgang Waloschek-Bauten **in Riesa** mit **Heike Berthold**.*
2001-02	*Umfangreicher **Nachlass von HW und GW** in Wien gefunden.*
2001-04	*Pedro W.: „**Das VOLKSHAUS RIESA und sein Architekt**".*
2001-09-25	*Pedro W.: **Vortrag über Hans Waloschek** im **Riesa-Museum**.*
2001-10-01	*Unterlagen **Jahrtausendsiedl. Meissen** von **Helmut Härtelt**.*
2001-10-24	*Unterlagen **Arbeiterhaus Schönheide** von **Michael Härtel**.*
2003-11	*Arbeit am Riesaer Schulz. für Wirtschaft: „**Volkshaus Riesa**".*
2006-10-01	*Zwei Tage **Kunstveranstaltung** im **Volkshaus Riesa**.*
2007-03 ...	*Sanierung und Umbau **Wohntrakt beim Volkshaus Riesa**.*
2007-06-15	*Pedro W.: „**Der schlaue Turm von RIESA**".*
2008-03	*Volkshaus-Riesa-Zuwegung wird „**Hans-Waloschek-Weg**".*
2008-04	*Fotos der Häuser **Dresden-Gittersee**" von **Gert-R. Lechner**.*

Stammbaum

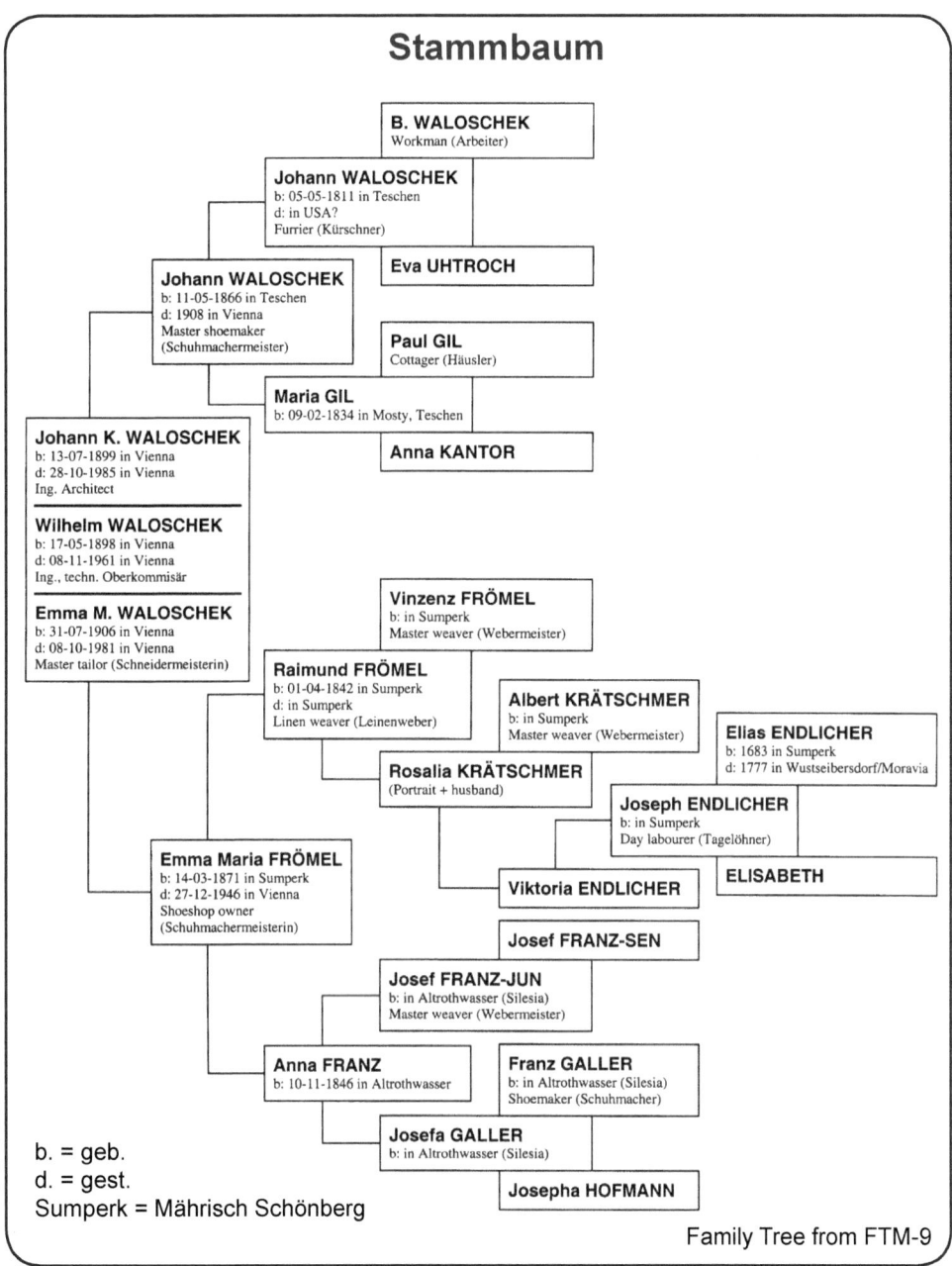

B. WALOSCHEK
Workman (Arbeiter)

Johann WALOSCHEK
b: 05-05-1811 in Teschen
d: in USA?
Furrier (Kürschner)

Eva UHTROCH

Johann WALOSCHEK
b: 11-05-1866 in Teschen
d: 1908 in Vienna
Master shoemaker
(Schuhmachermeister)

Paul GIL
Cottager (Häusler)

Maria GIL
b: 09-02-1834 in Mosty, Teschen

Anna KANTOR

Johann K. WALOSCHEK
b: 13-07-1899 in Vienna
d: 28-10-1985 in Vienna
Ing. Architect

Wilhelm WALOSCHEK
b: 17-05-1898 in Vienna
d: 08-11-1961 in Vienna
Ing., techn. Oberkommisär

Emma M. WALOSCHEK
b: 31-07-1906 in Vienna
d: 08-10-1981 in Vienna
Master tailor (Schneidermeisterin)

Vinzenz FRÖMEL
b: in Sumperk
Master weaver (Webermeister)

Raimund FRÖMEL
b: 01-04-1842 in Sumperk
d: in Sumperk
Linen weaver (Leinenweber)

Albert KRÄTSCHMER
b: in Sumperk
Master weaver (Webermeister)

Elias ENDLICHER
b: 1683 in Sumperk
d: 1777 in Wustseibersdorf/Moravia

Rosalia KRÄTSCHMER
(Portrait + husband)

Joseph ENDLICHER
b: in Sumperk
Day labourer (Tagelöhner)

Emma Maria FRÖMEL
b: 14-03-1871 in Sumperk
d: 27-12-1946 in Vienna
Shoeshop owner
(Schuhmachermeisterin)

Viktoria ENDLICHER

ELISABETH

Josef FRANZ-SEN

Josef FRANZ-JUN
b: in Altrothwasser (Silesia)
Master weaver (Webermeister)

Anna FRANZ
b: 10-11-1846 in Altrothwasser

Franz GALLER
b: in Altrothwasser (Silesia)
Shoemaker (Schuhmacher)

Josefa GALLER
b: in Altrothwasser (Silesia)

Josepha HOFMANN

b. = geb.
d. = gest.
Sumperk = Mährisch Schönberg

Family Tree from FTM-9

Die **Vorfahren** von Hans (Jahann K.) Waloschek. Die Information über Joseph Endlicher wurde freundlicherweise von Herrn Robert E. Fry (Bisboe AZ, USA) zur Verfügung gestellt. Stand Juli 2007.

2 Über Freunde
und Bekannte

2.1 Der Volkswirt Dr. Ernst Bodien

Ernst Bodien war mit Hans Waloschek eng befreundet. Sie waren beide bis 1933 für die DEWOG-Gruppe tätig. Im Jahr 1959 hat dann Ernst Bodien wesentlich zur Rückkehr von Hans Waloschek nach Deutschland beigetragen. Die Information über das Leben von Ernst Bodien wurde zum großen Teil freundlicherweise von seiner Stieftochter, Frau Charlotte Richter-Jericho (Stuttgart) zur Verfügung gestellt. Weitere Daten stammen aus den Nachlässen von Hans Waloschek und Willi Ludewig.

Ernst Bodien wurde am 17. November 1899, als Ältester von 3 Schwestern und 4 Brüdern in Mühlhausen/Elsass geboren. Er hat in Frankfurt/Main (und vielleicht auch in Straßburg) Staatswissenschaften studiert, und dort 1921 auch promoviert. Thema seiner Dissertation bei Prof. Franz Oppenheimer war: „S. Budge's Theorie vom Kapitalprofit".

Der Berliner Architekt Willi Ludewig berichtet in seiner Autobiographie **[Lu50]**, dass er im September 1922 in der Kunstakademie Düsseldorf tätig war und bei Wanderungen Dr. Ernst Bodien und auch Bodiens spätere Frau Wilhelmine (Minne und auch Mine genannt, geb. Bosse) kennen gelernt hat.

Bodien war damals Gewerkschaftssekretär in Düsseldorf. Er folgte bald danach dem Ruf seines Studienkollegen Dr. Wilm Necker (den Willi Ludewig von früher auch kannte) nach Weimar, bei dem er einen Direktorenposten bei der Thüringischen Staatsbank bekam. In Weimar traf Willi Ludewig diese beiden Freunde wieder, am Ende einer Studienreise, die er durch Süd- und Mitteldeutschland unternommen hatte.

Als Willi Ludewig sich im November 1923 in Berlin niederließ, hat er dort seinen Wanderfreund Bodien wieder getroffen. Wie Ludewig erwähnt, ist Bodien aus Weimar weggezogen, hat in Saarbrücken erfolglos versucht eine Sportzeitschrift herauszugeben und war nun in Berlin arbeitslos gelandet.

Bei seinen Bemühungen um neue Aufträge hatte sich Ludewig an den Architekten Richard Linneke gewandt, der damals Assistent des wohlbekannten Städteplaners und Architekten Dr.-Ing. Martin Wagner war. Wagner hat von 1921 bis 1926 die gewaltige gewerkschaftseigene Organisation DEWOG („Deutsche Wohnungsfürsorge A.-G. für Beamte, Angestellte und Arbeiter") und ihre vielen Tochterfirmen aufgebaut und geleitet. Linneke wurde sein Nachfolger in der Leitung der DEWOG.

Auch Ludewigs Wanderfreund Dr. Ernst Bodien wurde damals in das System der DEWOG-Gesellschaften aufgenommen, und zwar in eine der gesetzlich vorgeschriebenen sog. „Revisionsgesellschaften", die die Tätigkeiten der gemeinnützigen Baugesellschaften zu überwachen hatten. Bodien war dabei bekannt wegen seiner Seriosität und Genauigkeit. Seine Besuche waren sogar gefürchtet, wie Hans Waloschek später in einem Brief erwähnt.

In den Jahren 1926 bis 1933 entstand eine enge Freundschaft zwischen Willi Ludewig, Richard Linneke, Ernst Bodien, Hans Waloschek und deren Familien, die bis an ihr Lebensende dauern sollte. Ernst Bodien hatte seine Wanderfreundin Minne Bosse geheiratet und 1929 ist deren Tochter Hanna geboren. Es verband sie alle ihre politische Einstellung aber vor allem ihre Ideale bezüglich eines wirtschaftlichen und gemeinnützigen (also nicht auf Profit augerichteten) Bauens, das auch breiteren Bevölkerungsschichten einen höheren Wohnungsstandard erlauben sollte.

Das Geflecht der vielen Tochtergesellschaften der DEWOG und der sogenannten „Revisionsverbände" (in denen Ernst Bodien ja tätig war) ist heute nicht mehr leicht durchschaubar. In einem Prospekt zur Einweihung des Friedrich-Ebert-Hofes in Cottbus, am 8. und 9. Dezember 1928 wird zum Beispiel Linneke als Direktor der „DEWOG" erwähnt, aber auch eine „DEWOG-Bewegung" und eine „DEWOG Revisionsvereinigung / Bezirk Berlin". Unter den Sprechern stehen Architekt Ludewig und Dr. Bodien, letzterer als „Verbandssekretär" des im Briefkopf erwähnten „Revisionsverbandes gemeinnütziger Baugenossenschaften e.V.".

Ende Oktober 1932 hat die DEWOG-Gruppe ihre Bautätigkeit aufgegeben. Nach der Machtergreifung der Nationalsozialisten (1933) wurden alle an diesen Programmen beteiligte Organisationen enteignet und die leitenden Angestellten (so auch Ernst Bodien) entlassen. Zu dieser Zeit (1934) lebten die Bodiens in Steglitz und es gab einen Briefaustauch mit Grete Waloschek in Wien, in dem eine gewisse Krise (auch in der Ehe?) angedeutet wird

Über Ernst Bodiens weiteres Schicksal wird in einem Nachruf berichtet **[BW68]**, der vom „Verband Berliner Wohnungsbaugenossenschaften und -gesellschaften" verfasst wurde:

„In den Jahren von 1933 bis 1945 wurde Dr. Ernst Bodien als Gegner des Nationalsozialismus wiederholt gewaltsam aus seinen Ämtern entfernt. Als Wirtschaftstreuhänder war er während dieser Zeit weiterhin in freier Mitarbeit im gemeinnützigen Wohnungswesen tätig. Von 1938 bis 1945 war er aktives Mitglied einer gewerkschaftlichen Widerstandsgruppe in Schlesien."

Ernst Bodien war angeblich als Wirtschaftsminister vorgesehen, wenn der Putsch gegen Hitler am 20. Juni 1944 erfolgreich gewesen wäre. Diese Information konnte allerdings nicht verifiziert werden.

Er wohnte schon 1942 in Breslau, wo er sich nach langen Verhandlungen von seiner Frau Minne scheiden ließ und seine Lebensgefährtin Katharina (Katrin, geb. Wille) geheiratet hat. Katherina hat eine Tochter (Charlotte Jericho) in die Ehe gebracht. Im gleichen Jahr ist noch Tochter Barbara geboren und 1944 Karla. Außerdem brachte Ernst noch die 1940 geborene und von ihm anerkannte Tochter Elke in die Ehe.

Von Breslau ist die Familie Bodien 1945 geflohen. Katharina und die 4 Kinder wohnten erst in der Nähe von Naumburg/Saale in einem primitiven Winzerhäuschen, während Ernst in Berlin arbeitete. Hierüber wird wieder in seinem Nachruf berichtet:

„In gemeinsamen Anstrengungen mit Gleichgesinnten ist es Dr. Ernst Bodien nach 1945 gelungen, den Berliner Verband wieder funktionsfähig zu machen und die

geistigen und materiellen Grundlagen für einen Neubeginn der gemeinnützigen Wohnungsunternehmen in Berlin zu schaffen. In ihnen sah er die maßgeblichen Träger des Wiederaufbaues unserer zerstörten Stadt."

Es war aber eine schwierige Zeit mit vielen Entbehrungen für die Bodiens. Im Jahr 1947 ist die Familie zu Ernst nach Berlin gezogen, um dort gemeinsam *„entweder zu überleben oder zu verhungern"*. Die Zeit der Berliner Blockade (ab Juni 1948) verbrachten die drei jüngeren Töchter Bodiens bei verschiedenen Verwandten in Westdeutschalnd, während Eltern und Charlotte in Berlin weiter hungerten. Nach Beendigung der Blockade (im Mai 1949) hatte auch der Hunger ein Ende, die drei Schwestern konnten zurück nach Berlin, wo sich das Leben einigermaßen normalisierte.

Über die weiteren Aktivitäten von Ernst Bodiens informiert wieder sein Nachruf:

„Während seiner langjährigen Tätigkeit als Vorstandsvorsitzender des Gesamtverbandes gemeinnütziger Wohnungsunternehmen in Köln hatte Dr. Ernst Bodien wesentlichen Anteil an wichtigen wohnungspolitischen Entscheidungen und an der wohnungswirtschaftlichen Gesetzgebung.

Die von Dr. Ernst Bodien in zahlreichen Ausschüssen geleistete Arbeit ist bekannt. Insbesondere möchten wir aber an dieser Stelle seine erfolgreichen Bemühungen hervorheben, die deutsche gemeinnützige Wohnungswirtschaft wieder in die internationale Zusammenarbeit einzuschalten. Er hat damit Deutschland im Ausland viele Freunde gewonnen.

Als äußere Zeichen der Anerkennung seiner großen Verdienste wurden Dr. Ernst Bodien anlässlich seines Ausscheidens aus dem aktiven Dienst Ende 1964 das Große **Verdienstkreuz des Verdienstordens der Bundesrepublik Deutschland** *und die* **Victor-Aimé-Huber-Plakette** *verliehen."*

Ernst Bodien hat mehrere Veröffentlichungen verfasst oder mitverfasst, in denen meist das Thema „Gemeinnütziges Wohnungswesen" und seine wirtschaftlichen und gesetzlichen Implikationen behandelt wird, so zum Beispiel eine „Geschichte der gemeinnützigen Wohnungswirtschaft in Berlin" **[Bo59]**.

Das private Leben von Ernst Bodien hatte allerdings auch einige Schattenseiten. Sehr betrübt hat ihn 1959 der Freitod seiner 19-jährigen Tochter Elke. Im Jahr darauf hatte er eine schwere Lungenentzündung und musste als Rekonvaleszent einen längeren Erholungsurlaub einlegen. Er hatte auch Probleme nach einem Herzanfall.

Aus der Korrespondenz der Bodiens mit dem Ehepaar Waloschek (das 1959 durch Bodiens Vermittlung wieder nach Deutschland zurückkam) kann man entnehmen, dass Ernst zu Hause ein sehr zurückhaltender und schweigsamer Mensch war. Seine Begeisterung und sein Einsatz galt wohl eher seinem aktiven Berufsleben.

Bodiens Tochter Hanna aus erster Ehe hatte 1948 den Berliner Architekten Jahn Böhm geheiratet und lebte in Köln. Die weiteren vier Töchter waren 1959 noch in der Ausbildung. Die jüngste war est 14 Jahre alt.

Als Rentner hat sich Ernst Bodien oft mit seinen alten Freunden getroffen. Er ist am 9. Januar 1968 in Berlin gestorben. Seine zweite Frau Katharina starb im September 1983 in Stuttgart. Seine erste Frau Wilhelmine war schon am 12. Juni 1982 in Köln gestorben.

2.2 Der Gewerkschaftler Hans Geiser

Hans Geiser war Mitglied des Aufsichtsrates der GEWOG-Dresden und hatte damals enge freundschaftliche Kontakte mit Hans Waloschek. Auch die Familien haben sich gut verstanden und es gab oft gegenseitige Besuche. Mit den Nachkommen von Hans Geiser gab es dann noch einen regen Briefaustausch.

In der Internet-Library der Friedrich Ebert Stiftung (FES) findet man folgenden Text:

*„**Hans Geiser** (1884 - 1961), Mechaniker und Techniker, seit 1902 Mitglied der SPD und der Gewerkschaft, ab 1912 Gauleiter des Butab (Bund der technischen Angestellten und Beamten), SPD-MdL Sachsen, April 1933 Flucht in die CSR, 1938 nach Großbritannien emigriert, dort Mitarbeit bei der Landesgruppe deutscher Gewerkschafter. Nach Rückkehr Mitglied des Vorstandes der Deutschen Angestellten-Gewerkschaft (DAG) und Vorsitzender des DAG-Landesverbandes Niedersachsen.*

Ehefrau: Elsa Geiser, geb. Lehmann (geb. 1887), seit 1914 SPD-Mitglied. Hans und Elsa Geiser wurden 1937 ausgebürgert, ebenso ihre Kinder Hans, Kurt, Helmut, Arno und Gertrud.“

Aus der Korrespondenz zwischen den Familien Geiser und Waloschek (im Nachlass Waloschek) geht hervor, dass Elsa (die immer Else genannt wurde) nach dem Tod ihres Mannes eine Zeit lang in England wohnte und im Oktober 1965 gestorben ist. Geisers Kinder werden in den Briefen Hans, Arno, Helmut, Trude und Alice genannt. Bei dem oben erwähnten „Kurt" handelt es sich wahrscheinlich um einen Transkriptionsfehler von „Alice" (Handschrift?).

Hans Geiser selbst (mit Adresse Hannover-Buchholz, Kulmer Weg 6) hat am 25. Juni 1961 einen sehr interessanten Brief an die Bundesversicherungsanstalt für Angestellte (Berlin-Wilmersdorf, Ruhrstr. 2) geschrieben:

„Betr.: Johann Karl Waloschek, geb. am 13.7.1899.

Zu der Eidesstattlichen Versicherung des Herrn Waloschek (zur Entschädigung als Verfolgter der Nationalsozialisten, Bem. des Hrsg.) *habe ich folgende Bemerkungen zu machen:*

*Sowohl in meiner früheren Eigenschaft als sächsischer Landtagsabgeordneter, als auch als Landesvorsitzender des Allgemeinen freien Angestelltenbundes (**Afabund**) und Geschäftsführer des Bundes der technischen Angestellten und Beamten (**Butab**) für den Freistaat Sachsen hatte ich viele Jahre hindurch die Möglichkeit Herrn Waloschek auf das Genaueste kennen zu lernen. Als Mitglied des Butab war er eng mit den Ideen der Angestelltenversicherung verbunden. Als Gegner des Nationalsozialismus tat er sein Bestes, um schon Verfolgten behilflich zu sein.*

Aus folgender kurzen Schilderung ist ersichtlich, wie er, trotz der damit verbundenen tödlichen Gefahr auch mir behilflich war.

*Ende 1932 erhielt ich von meiner Fraktion (S.P.D.) den Auftrag einen uns vorgetragenen **Fememord** zu untersuchen. Mir gelang es, den Beweis zu erbringen, dass dieser scheußliche Mord von den Nationalsozialisten begangen wurde. Im Landtage*

prangerte ich die Nationalsozialisten, die unter Führung des berüchtigten **Manfred von**
Killinger *standen, dieses Verbrechens wegen an. Daraufhin drohte mir der Killinger
meine baldige Ermordung an. Wenige Wochen später war der Killinger Ministerpräsi-
dent, setzte eine wilde Hetze gegen mich ein. Ich musste, um mein Leben zu retten,
aus Sachsen flüchten. Die Benutzung der Eisenbahn war unmöglich. Waloschek
erklärte sich bereit, mich und meinen ältesten Sohn mit seinem Wagen nachts aus
Sachsen zu bringen. So geschah es.*

*Wären die Nazis dahinter gekommen, dass Herr Waloschek mir die Flucht ermög-
lichte, dann war es um sein Leben geschehen.*

*Da Herr W. auch weiterhin Verfolgten behilflich war, zählte auch er eines Tages
selber zu den Verfolgten. Aus der kurzen Charakterisierung des Herrn W. werden
Sie entnehmen können, dass ich bereit bin nach jeder Richtung hin, mich für ihn
einzusetzen.   Hochachtungsvoll*

Hans Geiser
Inhaber des Bundesverdienstkreuzes
*verliehen am 17 Februar 1955 in Anerkennung der um die Bundesrepublik
Deutschland erworbenen besonderen Verdienste. gez: Theodor Heuss."*

Hans Geiser ist noch im Jahr dieses Briefes (1961) gestorben. In einem früheren
Brief (vom 21. April 1958) an Hans und Grete Waloschek sind weitere Details aus
dem Leben Geisers und seiner Familie enthalten:

*„... Wir haben allerhand erlebt, merkwürdigerweise sind wir aber immer so ungefähr
im letzten Augenblick den Mördern entkommen. Um mich zu killen, sind diese Bestien
sogar nach Aussig gekommen, da auch dieser Anschlag misslang, sandten sie eines
Tages einen gedungenen Spitzel in unsere Wohnung, der mich mit Gift beseitigen
sollte. Durch einen Zufall entging ich auch dieser Sache.*

*Als Hitler die C.S.R besetzte, wurde es natürlich besonders mulmig. Am 31.12.38
flog ich mit Hans nach London, Else und die Kinder kamen drei Wochen später nach.
Wieder entkamen wir den Burschen.*

*Den Krieg überlebten wir in London, auch das war kein Spaß. 46 zurück nach
Deutschland. Unter grossen Schwierigkeiten konnte ich in der Gewerkschaftsbewegung wieder Fuß fassen. Bis zu meiner Pensionierung war ich Landesverbandsleiter
in Niedersachsen der Deutschen Angestellten Gewerkschaft in Hannover.*

*Abgesehen von der Alice - die hier verheiratet ist, leben alle anderen in England.
Hans konnte sein Studium beenden, er hat seine Praxis in Middlesbrough. Trude ist
verheiratet – drei Kinder – im Moment sind sie gerade hier zu Besuch. Arno hat ein
Geschäft in London und Helmut ist angestellt bei einer Fluggesellschaft in London.
Obwohl es uns leider unmöglich war, den Kindern eine entsprechende Ausbildung
angedeihen zu lassen, ist es ihnen doch allen gelungen, einen angemessenen Platz
sich zu erobern..."*

2.3 Der Gewerkschaftler Alfred Kiß.

Information über das Leben von Alfred Kiß stammt hauptsächlich aus Briefen, die er zwischen 1940 und 1961 an Hans und Grete Waloschek geschrieben hat und die in deren Nachlass gefunden wurden **[WaHH]**. Das Faksimile eines Briefes (vom 2. Januar 1941) findet man in dem Büchlein „Das VOLKSHAUS Riesa und sein Architekt" **[WP01]**.

Über das Datum und den Ort der Geburt von Alfred Kiß und über seine Ausbildung stehen keine Daten zur Verfügung. In einem Brief an Waloschek vom 27. Oktober 1959 erwähnt Alfred Kiß, dass er als Bezirksleiter der Deutschen Angestellten-Gewerkschaft in Aalen am Ende des Jahres 1959 wegen *„Erreichung der Altersgrenze und nach 50 Jahren berufsamtlicher Tätigkeit"*, pensioniert wird. Da dies damals im allgemeinen mit 65 Jahren der Fall war, könnte man daraus folgern, dass er Ende 1894 geboren wurde. Tatsächlich hat Kiss (der seinen Namen seit seinem unfreiwilligen England-Aufenthalt mit zwei s am Ende schrieb) aber noch bis zum 1. Mai 1961 weiter gearbeitet, wie aus seinem letzten Brief an Waloschek (vom 30. Dezember 1961) hervorgeht.

Alfred Kiß war Anfang der 30er Jahre Sekretär des Ortsausschusses Riesa des **Allgemeinen Deutschen Gewerkschaftsbundes (ADGB)**. Er hat sich damals wohl sehr für den Bau des Volkshauses Riesa eingesetzt und wurde mit **Oskar Waltz** Vorsitzender des Vorstandes der **„Volkshaus Riesa GmbH"**, die für den Bau und seine Finanzierung verantwortlich war. Die Planung und Bauleitung war der **GEWOG-Dresden** überlassen, unter der technischen Leitung des Architekten **Hans Waloschek**. Das Volkshaus wurde 1930 fertiggestellt und eröffnet. Kiß und Waloschek haben sich damals gut befreundet.

Wegen seiner politischen Tätigkeit musste Alfred Kiß im Juli 1933 Deutschland fluchtartig verlassen. Er fand Unterkunft in **Karlsbad** (Böhmen, damals noch Teil der Tschechoslowakei).

Als es klar wurde, das die sudetendeutschen Gebiete der Tschechoslowakei in das Großdeutsche Reich „integriert" werden sollten („Münchner Abkommen"), flüchtete Kiß im September 1938 aus Karlsbad mit vielen seiner Freunde nach **Prag**. Am 1. Oktober 1938 sind die deutschen Truppen in das Sudetenland einmarschiert.

Als dann bekannt wurde, dass Hitler von der Tschechoslowakei die Auslieferung der politischen Flüchtlinge verlangte, versuchte man sie in anderen Ländern unterzubringen. Kiß bekam mit viel Glück ein Visum für **England** und flog über Paris nach London, wo er am 7.12.1938 ankam.

Nach dem Zusammenbruch Frankreichs wurde er in England interniert. In einem der Lager traf er durch Zufall **Edi (Eduard) Stark**, den Bruder von Grete Waloschek und konnte so den Kontakt zu Hans Waloschek wieder herstellen.

Die Familie von Alfred Kiß war in Deutschland geblieben. Er hatte mit ihr (wie er 1941 erwähnt) keinerlei Kontakt und vermutete Schlimmes. Es war für Kiß eine sehr schwere Zeit, obwohl er bald aus dem Internierungslager entlassen wurde und bei einer netten Familie in **Bristol** Aufnahme fand.

Interessant sind die von Kiß in Briefen erwähnte Namen: *„Wir sind ungefähr 100 Sozialdemokraten in England. Darunter **Weckel, Arzt, Geiser, Sander** usw. **Finsterbusch, Edel** usw. sind in Schweden. Viele gingen auch nach Bolivien z.B. **Efferoth** usw. Unsere Freunde sind also sehr zerstreut und leben heute verteilt in 23 Ländern."* (Bem.: Geiser, Sander und Finsterbusch waren im Aufsichtsrat der GEWOG-Dresden.)

Alfred Kiss kam 1945 nach Deutschland zurück und war zunächst als Angestellter der Regierung der USA und dann der Militärregierung von Bayern, in **Augsburg** tätig. Seine Aktivität in der Gewerkschaftsbewegung hat er am 1. Dezember 1949 wieder aufgenommen. Zunächst war er Sachbearbeiter beim **Gewerkschaftsrat in Frankfurt/Main**, dann Geschäftsführer der Ortsgruppe Stuttgart der **Deutschen Angestellten-Gewerkschaft** und später Bezirksleiter derselben, erst in Koblenz and dann (wie schon erwähnt) in **Aalen**, hatte aber Wohnsitz in Stuttgart-West (Klugestr. 16). Er beabsichtigte als Pensionär nach 1961 weiterhin mit seiner Frau in Stuttgart zu bleiben.

Noch einige Bemerkungen:

In einem Brief vom 14. August 1959 an Hans und Grete Waloschek (die damals gerade bei Bodiens in **Berlin** wohnten) erwähnt Alfred Kiß: *„Nach den vielen Jahren und den furchbaren Erlebnissen, die wir beide hinter uns haben, wäre eine Aussprache sehr sehr schön. Ich selbst bin leider nicht in der Lage, Euch in Berlin zu besuchen, weil ich von den Herren Kommunisten verfolgt und behandelt werden würde, wie seinerzeit bei den Nazis. Eine Flugreise wäre aber für mich zu teuer".*

Im „Extrablatt für Göttingen und Umgebung zum Tag der Befreiung" vom 8. Mai 1945 in der Rubrik "Wir müssen nun ganz von unten anfangen", **„Zurückkehrende Emigranten berichten",** findet man einen kurzen Text (im Telegrammstil) von **Alfred Kiss** aus Köln (Datum: 23. April 1945) über die politische Lage in der Stadt.

In einer Festschrift zum 140. Jubiläum der SPD Augsburg (1864-2004) wird als erster Vorsitzender der schwäbischen Jungsozialisten 1947 **Alfred Kiss jr.** erwähnt.

2.4 Der Architekt Richard Linneke

Richard Linneke leitete 1927 die DEWOG-Organisation in Berlin und hat Hans Waloschek mit der Gründung der GEWOG-Dresden beauftragt. Seit damals verband sie eine enge Freundschaft. Die spärliche Information über das Leben von Richard Linneke stammt aus seinem Briefwechsel mit Hans Waloschek und aus einem Telefonat mit seiner Tochter Rosemarie am 27. Juni 2001.

Zu seinem 60. Geburtstag hat Richard Linneke eine chronologische Zusammenstellung seines Lebenslaufs an Hans Waloschek geschickt:

*Richard Linneke wurde am **23. 08. 1900** in Andorf, Kreis Salzwedel-Altmark, geboren. Nach Kriegsdienst **(1918)** studierte er in Magdeburg und Berlin.*

*Ab **1923** Assistent bei dem bekannten Berliner Stadtbaurat Dr.-Ing. Martin Wagner. Speziell Fragen der rationalisierung von Baumethoden und des Wohnungswesens bearbeitet. Auf Vorschlag von Dr.-Ing. Martin Wagner am*

14. 4. 1924 *als Vorstandsmitglied in die an diesem Tage gegründete GEHAG in Berlin berufen. Dort Tätigkeit bis 1927. U.a. hat die GEHAG in dieser Zeit die Großsiedlung Britz – als Hufeisensiedlung bekannt geworden und die Waldsiedlung Berlin-Zehlendorf (Riemeister Straße) gebaut. Zusammenarbeit besonders mit den Architekten Bruno und Max Taut.*

1927-1930 *Nachdem Dr.-Ing. Martin Wagner Stadtbaurat von Groß-Berlin geworden war, als dessen Nachfolger alleiniges hauptamtliches Vorstandsmitglied der gewerkschaftlich-genossenschaftlichen Wohnungsbaugesellschaft DEWOG mit Zweigstellen bzw. Tochtergesellschaften in Hamburg, Königsberg, Breslau, Frankfurt/Main, München pp. Jahresprogramm der DEWOG z.B. 1929 8.000 Wohnungen (Eigenbau und Betreuung). Die 'Neue Heimat' hat nach 1945 den größten Teil der damals gebauten Wohnungen wieder übernommen.*

In den gleichen Jahren verantwortlicher Schriftleiter der Zeitschrift 'Wohnungswirtschaft' und Vorsitzender der „DEWOG-Revisionevereinigung" sowie Mitglied des Vorstandes des Hauptverbandes Deutscher Baugenossenschaften und -Gesellschaften e.V. Ferner vom Reichsarbeitminister Stegerwald 1930 in den Verwaltungsrat der Reichsforschungsgesellschaft für Wirtschaftlichkeit im Bau- und Wohnungswesen e.V. berufen.

1930-1933 *Direktor der Brandenburgischen Heimstätte GmbH, die Treuhandstelle für Wohnungs- und Kleinsiedlungswesen in der Provinz Brandenburg. Nebenamtlich Vorstandsmitglied der Gemeinnützigen Wohnungsbau AG Gr. Berlin (deren Aktien sich im Besitz des Reiches und Preußens befanden), die in dieser Zeit u.a. die Forschungssiedlung in Berlin-Haselhorst gebaut hat.*

1933 *aus politischen Gründen entlassen, war er bis 1945 freiberuflich als Sachverständiger für Baufragen und Grundstücksbewertung tätig sowie als Geschäftsführer eines privaten Wohnungsbauunternehmens.*

1945 *Zunächst wieder Geschäftsführer der Brandenburgischen Heimstätte.*

96

1946-1950 Stadtbaurat (Magistratsmitglied) in Salzwedel-Altmark.
1950-1958 Leitende Tätigkeit in Entwurfbüros bzw. Wohnungsunternehmen in
Halle, Berlin und Düsseldorf
Seit 1958 Mitglied der Geschäftsführung der „Westfälisch-Lippischen Heimstätte
GmbH" (Leitender Direktor).

Daraus entstand 1960 (in Zusammenarbeit mit Hans Waloschek) folgender Vorschlag für eine eventuelle Laudatio der „Neuen Heimat Hamburg":

Richard Linneke wird am 23. August 60 Jahre
Seit 1924 ist er maßgeblich an der Entwicklung des sozialen Wohnungsbaues beteiligt. Auf Vorschlag vom damaligen Berliner Stadtbaurat Dr.-Ing. Martin Wagner wurde er Vorstand des ersten gewerkschaftlichen Wohnungsbauunternehmens der „Gehag" Berlin, bekannt durch die Hufeisensiedlung in Britz und die Waldsiedlung Zehlendorf, die unter Mitarbeit von Bruno und Max Taut entstanden.
1927 wurde er Leiter der „Deutschen Wohnungsfürsorge A.G. für Beamte, Angestellte und Arbeiter" DEWOG, Berlin, mit Tochtergesellschaften und Zweigstellen in Hamburg, München, Frankfurt a/M, Dresden, Leipzig, Breslau und Königsberg. Linneke gab als verantwortlicher Schriftleiter die Fachzeitschrift „Wohnungswirtschaft" heraus und war Vorstandsmitglied des Hauptverbandes der deutschen Baugenossenschaften und Gesellschaften e.V. und des Verwaltungsrates der Reichsforschungsgesellschaft für Wirtschaftlichkeit im Bau- und Wohnungswesen e.V. Der größte Teil der von den Dewog-Gesellschaften errichteten Wohnungen wurde 1945 von der „Neuen Heimat" übernommen.
Nach mehrjähriger Tätigkeit als Direktor der „Brandenburgischen Heimstätte GmbH", als Vorstandsmitglied der „Gemeinnützigen Wohnungsbau A.G." Gr. Berlin, so wie zwischenzeitlicher Betätigung als Bausachverständiger und Stadtbaurat von Salzwedel Altmark wurde Linneke 1948 in die Geschäftsführung der Westfählich-Lippischen Heimatstätte GmbH berufen, wo er als leitender Direktor tätig ist.
Wir hoffen, dass Richard Linneke dem gemeinnützigen Wohnungswesen mit seinen reichen Erfahrungen noch lange verbunden bleibt.

Richard Linneke wird 1950 noch in einer Gruppe von Architekten und Funktionären des Ministeriums für Aufbau der DDR erwähnt (mit **Kurt Liebknecht**, **Kurt Junghans**, **Paul Wolf** und **Alois Pisternik**), die einen Standort für eine neue Wohnstadt ausgesucht haben (Internet Info).

Wie Ernst Bodien in einem Brief vom 2.5.58 bestätigt *„ist Linneke 1956 aus der sowjetischen Besatzungszone nach Westdetuschland ausgewandert und vor kurzem Geschäftsführer der Westfälischen Heimstätte geworden."*

Richard Linnekes Tochter Rosemarie (damals in Dortmund) berichtete am Telefon, dass ihr Vater 1983 verstorben ist. Ein Tagebuch ihres Vaters (bis 1953) und einige Fotos waren noch bei ihr erhalten. Sein weiterer Nachlass existiert nicht mehr. **Kurt Junghans** soll (laut Tochter Rosemarie) in seinen Büchern mehrmals über Linneke geschrieben haben. Linneke war besonders mit dem Architekten **Bruno Taut** und mit dem Zeichner **Heinrich Zille** befreundet.

2.5 Der Architekt Willi Ludewig

Hans Waloschek und Willi Ludewig standen mehrmals in ihrem Leben sowohl beruflich wie auch persönlich eng in Verbindung. Es gibt relativ wenig Literatur über das leben von Willi Ludewig. Deshalb wird hier etwas ausführlicher über ihn berichtet. Die dabei benutzte Information stammt zum größten Teil aus Dokumenten die sein Sohn, der Architekt **Andrés Ludewig** (Buenos Aires) freundlicherweise zur Verfügung gestellt hat. Darunter befindet sich ein 62-Seiten langer Lebenslauf, den Willi Ludewig selbst um 1950 verfasst hat **[Lu50]**. Ein recht interessantes Büchlein über ihn (mit einer Einführung des Kunsthistorikers **Paul F. Schmidt**) wurde 1930 veröffentlicht **[Lu30]**. Im Februar 2000 hat Frau **Silke Dähmlow** eine Magisterarbeit über Ludewigs wichtigstes Bauvorhaben („Das Wohlfahrtsforum in Brandenburg") fertiggestellt **[Da00]**. Frau Dähmlow arbeitet an einer Dissertation über das Leben und Werk Willi Ludewigs **[Da01]** und hat freundlicherweise wertvolle Daten zur Verfügung gestellt. Interessante Information über Ludewig und besonders über seine Bauten in Argentinien haben sein Sohn Andrés **[Lu05]** und andere Autoren in einem 2005 in Buenos Aires erschienenen Buch (auf Spanisch) veröffentlicht **[Gu05]**.

Karl <u>Willi</u> Ernst Ludewig wurde am 25. Februar 1902 in Berlin geboren. Er stammte aus einer relativ wohlhabenden Kaufmannsfamilie. Schon als Kind zeichnete er bemerkenswerte Entwürfe für große Gebäude. Er hat im April 1919 eine Lehre als Maurergeselle abgeschlossen und am 20. August 1920 (also 18-jährig, nach vier statt den normalen sechs Studienjahren) die Schlussprüfung an der Berliner Baugewerksschule erfolgreich bestanden. Er besuchte damals auch Ergänzunskurse zur Verbesserung seiner humanistischen Bildung (fehlendes Abitur), war offensichtlich sehr begabt (besonders im Zeichnen), fleißig und ehrgeizig.

Willi Ludewig war dann von September 1920 bis Ende Januar 1922 im Bezirksamt Berlin-Lichtenberg in der Bauleitung eines großen Komplexes beschäftigt und hat schon damals an Architektur-Wettbewerben teilgenommen. Dann arbeitete er sechs Monate für das Architekturbüro Czajerek und Schnaare in Hamborn am Rhein und ging im September 1922 in das Meisteratelier von Professor Fritz Becker in der Kunstakademie Düsseldorf, wo er sich vor allem künstlerisch betätigte. Sehr folgenreich war dann ein zweimonatiger Aufenthalt Willi Ludewigs in der schönen Gartenstadt Dresden-Hellerau, wo er sich mit Musik und rhythmischer Gymnastik beschäftigte und auch einer Tanzgruppe beitrat.

Im November 1923 kam Willi Ludewig wieder nach Berlin und hat sich ein kleines Atelier eingerichtet. Er übernahm als freier Mitarbeiter Projekte Berliner Architekten. Sein wichtigster Auftraggeber war damals der Architekt Gustav Heide.

1924 hat Willi Ludewig seine langjährige Freundin Erna Lange geheiratet und am 9. Juli 1925 wurde ihr Sohn Eckard geboren. Am gleichen Tag erhielt Willi seinen ersten Auftrag als selbstständiger Architekt. Es handelte sich um den Bau eines privaten Wohnhauses. Erna war übrigens eine exzellente Fotografin.

Auf der Suche nach neuen Aufträgen hat sich Ludewig (auf Empfehlung des Kassenwarts seiner Hellerauer Tanzgruppe) beim Architekten Richard Linneke vorgestellt, der damals Assistent des wohlbekannten Städteplaners und Architekten Dr.-Ing. Martin Wagner war. Wagner hat von 1921 bis 1926 als Direktor die gewaltige gewerkschaftseigene Organisation DEWOG („Deutsche Wohnungsfürsorge A.-G. für Beamte, Angestellte und Arbeiter") und ihre vielen Niederlassungen und Tochterfirmen aufgebaut.

Gegen Ende 1925 wurde Linneke zum Direktor der gerade von der DEWOG gegründeten GEHAG („Gemeinnützige Heimstädten A.G.") ernannt, die für Bauten der gewerkschaftsnahen Organisationen in Berlin zuständig war. Parallel dazu hatte Wagner auch die „Märkische Wohnungsbau G.m.b.H." gegründet, die ihrerseits die Bauvorhaben in Brandenburg und Umgebung koordinierte und betreute.

Damals betreute Linneke privat (als selbstständiger Architekt) gerade den Bau einer großen und modernen Siedlung in Salzwedel. Dieses Projekt hat er nun Willi Ludewig übertragen, der die Arbeiten erfolgreich und termingerecht fertig stellen konnte. Dies war sehr wichtig für Ludewigs Zukunft, der das Vorhaben später stolz als *„die erste deutsche Siedlung mit zentraler Fernheizung und Warmwasserversorgung"* bezeichnet hat. Im Jahr 1926 wurde Wagner Stadtbaurat von ganz Berlin. Nun hat er die Leitung der ganzen DEWOG-Organisation an Linneke übergeben.

Willi Ludewig war zwar selbstständig, hat aber als Vertrauensarchitekt aktiv mit den Leitern der DEWOG-Gruppe im Rahmen der Wohnungsbaupolitik zusammengearbeitet. Um ihre fortschrittlichen aber für damalige Verhältnisse eher unkonventionellen Ideen durchzusetzen, wurden auch recht aggressive Wege beschritten, wie es Willi Ludewig treffend beschrieben hat:

„Die Initiative zu diesen Bauvorhaben ging im allgemeinen allerdings nicht von den ortsansässigen Interessenten, sondern meist von der Berliner Gewerkschaftszentrale aus ... ... Ich selbst hatte an einigen Parteitagen der Sozialdemokratischen Partei und Tagungen der Gewerkschaften über Genossenschaftsbau, modernen Wohnungsbau usw gesprochen und wurde nun in die Provinz zur ‚Produktion von Aufträgen' geschickt oder begleitete als der Genosse Architekt die Leiter des ‚Märkischen Wohnungsbau' auf ihren Informationsreisen. Das Ergebnis der Volksversammlungen mit Lichtbildervorträgen über ‚Beseitigung der Wohnungsnot' – die Diapositive wurden sämtlich von mir vorbereitet – zeigt die Liste der Bauvorhaben ab 1927.

In den Orten, in denen eine gewisse Eigeninitiative der interessierten Kreise schon ortsansässige ‚Kleinstadt'-Architekten bemüht hatte, wurden diese bei der Übernahme abgefunden. Bei engeren Wettbewerben, veranstaltet von Bau- und Konsum Genossenschaften, Ortskrankenkassen usw, hatte ich selten mit ‚gefährlicher Konkurrenz' zu rechnen. Nach diesem ‚Eindringen' in die größeren und kleineren Orte der Provinz, Grenzland und schließlich auch Polen und Frankfurt am Main, kamen in einigen fällen noch Privataufträge dazu."

Im Hintergrund dieser Aktivitäten stand aber immer der von Willi Ludewig als *„Diktator des sozialistischen Wohnungsbaues"* bezeichnete und ihm wohl recht gut gesinnte Dr.-Ing. Martin Wagner.

Nach dem Erfolg der Siedlung Salzwedel und der soeben erwähnten aggressiven Werbetätigkeit erhielt Willi Ludewig eine ganze Reihe weiterer Aufträge, einerseits privat, aber vor allem von der DEWOG-Gruppe und den ihr nahestehenden oder betreuten Organisationen. Außer einigen Wohnblocks und Häusern in Berlin waren es meist Siedlungen in Brandenburg und Umgebung. Er bezeichnete sie alle in seinen eindrucksvollen Bautenlisten als „GEWOBA-Siedlungen", wobei anzunehmen ist, dass er unter GEWOBA auch andere Tochtergesellschaften der DEWOG meinte. So hat zum Beispiel (laut Ludewig) die „Märkische Wohnungsbau G.m.b.H." bis 1929 Bauten für rund 15 Millionen Reichsmark für Siedlungsbewegungen und Genossenschaften *organisiert und finanztechnisch geleitet"*, die zum größten Teil von Ludewig (als selbstständiger Architekt) geplant und ausgeführt wurden.

Wie Paul F. Schmidt in dem Buch über Ludewig berichtet, hatte Ludewig 1930 schon 2300 Wohnungen gebaut und im Anschluss daran noch 5500 projektiert. Die dann genannte Liste von Ortschaften ist eindrucksvoll. Eine fünfseitige Liste „Entwürfe und Bauten 1921-1935" aus dem Archiv von Ludewigs Sohn Andrés gibt einen zusammenfassenden Überblick.

Ludewig hatte sich 1927 ein neues Atelier in Berlin S.O. 16, Köpenickerstraße 86/87 eingerichtet, mit 5 Angestellten zu denen über ein Jahr lang auch der Architekt Hans Waloschek gehörte, der gelegentlich auch Baupläne unterzeichnen durfte, wie es zum Beispiel für die Siedlung der Baugenossenschaft Luckenwalde der Fall war.

Der wichtigste Auftrag für Willi Ludewig kam 1928. Es handelte sich um einen großen Neubauteil des Komplexes der Allgemeinen Ortskrankenkasse (AOK) Brandenburg an der Havel und das angegliederte „Wohlfahrtsforum", mit insgesamt etwa 4000 Quadratmeter Nutzfläche.

Ende Oktober 1932 haben die zur DEWOG gehörenden Gesellschaften ihre Bautätigkeit weitgehend eingestellt. Sie wurden 1933 von den Nationalsozialisten enteignet. Leitende Angestellte wurden entlassen, wenn das nicht schon vorher geschehen war. Ludewig konnte aber als freischaffender Architekten im Prinzip weiter arbeiten.

Willi Ludewig hatte sich schon 1930 von seiner Frau Erna Lange im Einverständnis getrennt. Anfang Oktober 1933 hat er dann ein recht großes, von ihm selbst in Berlin-Lankewitz gebautes Haus bezogen, mit seiner damaligen Lebensgefährtin Helena Bider (Lusja genannt), die dank ihrer sehr guten Handelsschulkenntnisse schon seit 1931 auch seine Sekretärin war. Sohn Kristof ist im neuen Haus geboren und die noch gültige Ehe mit Erna wurde geschieden. Willis damals achtjähriger Sohn Eckard aus erster Ehe und Willis Vater sind dann auch zu ihm gezogen.

Lusja war jüdischer Abstammung und hatte die polnische Staatsbürgerschaft. Ihr Vater war leitender Angestellter der „American Joint Reconstruction Foundation" (meist nur „JOINT" genannt) in Warschau, eine 1924 gegründete Organisation, die osteuropäischen Juden (vor allem aus Polen und Rumänien) beim wirtschaftlichen Neuanfang half.

Beruflich ergab sich damals jedoch für Willi Ludewig sehr bald die *„völlige Hoffnungslosigkeit"*, wie er es nannte. Selbst die Honorare schon fertig geplanter Siedlungen wurden nicht mehr bezahlt. Ludewigs Freund Richard Linneke arbeitete in seinem Büro (das nun in der Wilhelmstraße 1 lag) und übernahm auch die Bauleitung einiger seiner Privataufträge. Es handelte sich aber nur mehr um bescheidene Eigenheime in der Umgebung von Berlin. Willi Ludewig berichtet aus dieser Zeit:

„Einige meiner jüdischen Klienten verschwanden, darunter ein Arzt, den man in Gegenwart seiner Familie in unmenschlicher Weise umbrachte, andere, auch Nichtjuden, erlebten private Racheakte und zwei Bauherren mit noch nicht fertigen Eigenheimen wurden wahnsinnig. Das Gesamtpanorama machte jeden Optimismus unmöglich."

Ludewig war damals noch aktives Mitglied des „Bundes Deutscher Architekten" (BDA), der in die „Reichskulturkammer" übernommen wurde. Den Vorsitz hatte der Architekt Dipl.-Ing. C. CH. Lörcher, ein ihm gut gesinnter SA-Mann, der ihm nahegelegt hat, *„rechtzeitig einzuschwenken"*, da ihn sonst der *„Berufstod"* erwartete.

Die Situation spitzte sich zu und schließlich übernahm Ludewig Anfang 1935 auf drängen Lörchers (neben seinen wenig produktiven Privataufträgen, die er immer mehr Linneke überließ) im Auftrag des Luftfahrtministeriums („Luftwaffe") die Funktion des Chefarchitekten für den Bau der streng geheimen Anlagen eines neuen Militärflugplatzes zwischen Riesa und Leipzig der später „Fliegerhorst Oschatz" genannt wurde. Mit einem Kollegen-Architekt als Bauleiter hatten sie 30 Angestellte unter ihrer Leitung. Ludewig und sein Kollege bekamen jeder einen neuen Wagen mit Chauffeur in SS-Uniform.

Es war ein vollständig nach den militärischen Regeln der SS geführter Betrieb. Ludewig wurde wie ein Vorgesetzter behandelt und sollte später auch eine SS-Schulung mitmachen. Es gab nächtliche „Schnellgerichte" mit sofortiger Exekution, wenn jemand zum Beispiel verdächtigt wurde, Daten des Vorhabens verraten zu haben. Ludewig wörtlich: *„Zu meinen Oschatzer Erfahrungen gehörte, dass bei der Erschießung eines Spionageehepaares, denunziert von ihren Bekannten in Prag, der eigene Sohn zwischen der feuernden Gruppe stand."*

Von Ludewigs Lebensgefährtin Lusja, die sehr zurückhaltend in Berlin lebte, wusste man natürlich in Oschatz nichts. Am 15 September 1935 wurden die berühmten „Nürnberger Rassengesetze" verkündet. Wenige Tage danach erhielt Lusja eine Vorladung der Gestapo. Sie hatte nicht die Absicht sich dort einzufinden, traf sich noch kurz mit Willi und ist gleich in der folgenden Nacht mit ihrem Sohn Kristof zu ihrem Vater nach Warschau gefahren. Ein guter Freund machte Willi in Oschatz kurz danach mit einem raffiniert verschlüsselten Telefonat darauf aufmerksam, dass auch er eine Vorladung der Gestapo in Berlin erhalten hatte.

Auf abenteuerliche Art verließ nun Willi Ludewig fluchtartig den Militärflugplatz, wofür er sogar noch die Dienste seines SS-Chauffeurs anordnete und benutzte. Es gelang ihm per Zug am 29. September 1935 unbemerkt Zürich zu erreichen. Von dem Moment an galt er natürlich als „Deserteur" und lebte entsprechend in panischer Angst. Er befürchtete entdeckt zu werden, und vielleicht sogar entführt. Er wusste von solchen Fällen. Aus Zürich schickte er eine Ansichtskarte an Lusja nach Warschau. Telefonieren war selbst aus Züricher Postämtern zu gefährlich, weil sie von deutschen Agenten beobachtet wurden.

Lusja hatte schon 1934 in Zürich ihre zum Teil in Argentinien lebenden Verwandten kennen gelernt und es wurde dort auch über die Möglichkeit einer späteren Auswanderung gesprochen. Willi wurde von den in Zürich lebenden Verwandten Lusjas herzlichst empfangen und aufgenommen. Dann beschlossen Willi und Lusja sich möglichst bald in Paris zu treffen, um von dort die Einreise nach Argentinien zu versuchen. Mit Verwandten und Bekannten in Deutschland hatte Willi vorsichtshalber nur indirekt Kontakt, über eine Züricher Deckadresse und seltsamerweise über Karl Stark, dem Vater von Grete Waloschek in Wien. Willi ließ absichtlich alle im Glauben, dass er nach Südafrika auswandern würde. Hans und Grete Waloschek, die damals in Wien wohnten, waren aber durch Briefe und Telefonate über die tatsächlichen Pläne der Ludewigs immer genau informiert.

Lusjas Vater hatte inzwischen (durch JOINT) in Paris die nötigen Vorbereitungen getroffen. Willi Ludewig bekam aber kein Visum nach Frankreich – er hätte sich damals dafür vom französischen Konsul in Berlin (!) bestätigen lassen müssen, dass er „kein Flüchtling" war. Mit dem Vorwand, zur Weltausstellung in Brüssel zu fahren, gelang es ihm dann doch, in Paris (illegal) aus dem Zug auszusteigen. Auch hier waren ihm JOINT-Leute und entfernte Verwandte von Lusja sehr behilflich.

Lusja und Sohn kamen schließlich mit ihrer Schwester (und Kind) in Paris an. Sie hatten den Umweg über Wien gewählt, um kein deutsches Gebiet zu durchqueren. Am 19. November 1935 haben sie sich alle in Le Havre auf dem Dampfer „Lipari" der „Chargeur Reunis" in der Touristenklasse eingeschifft.

Am 19. Dezember 1935 kamen sie in Buenos Aires an und wurden von den recht wohlhabenden Verwandten Lusjas herzlichst aufgenommen. Darunter war vor allem der Ingenieur Zacharias Nürnberg, damals Direktor des größten Elektrizitätswerks der Stadt Buenos Aires (CADE). Er war eine Art Patriarch des Clans. Die Neuankömmlinge waren bei allen immer gern gesehene Gäste.

Hans Waloschek, der in Wien ja praktisch arbeitslos war, konnte im Oktober 1936, hauptsächlich durch Willi Ludewigs hilfreichen Anweisungen, nach Argentinien reisen und dort Fuß fassen. Er (und auch seine Familie, die im Mai 1937 nachkam) wurde von den Ludewigs und von der Familiengemeinschaft auch sehr freundschaftlich aufgenommen.

Willi Ludewig war aufgrund seiner letzten Erfahrungen in Deutschland sehr misstrauisch geworden. Er kapselte sich ab (nach eigenen Aussagen), besonders von anderen Einwanderern und von den vielen Sympathisanten des Dritten Reichs in Argentinien. Er vermutete überall Spione der Nazis. Und Hans Waloschek war nun einer der wenigen, denen er trauen konnte.

Was die berufliche Tätigkeit als Architekten in Argentinien betrifft, hatten Ludewig und Waloschek neben dem erlernen der Sprache und der Bauvorschriften, ein gravierendes Problem: Ohne argentinisches Universitätsdiplom durften sie ihre Projekte und Pläne nicht unterzeichnen und auch nicht bei Behörden einreichen. Sie waren darauf angewiesen, für zugelassene Architekten oder Baumeister zu arbeiten, die natürlich von den Behörden als Urheber der Projekte betrachtet wurden. Deshalb ist es heute oft schwer, ihnen die Bauten, die sie geplant oder betreut haben, beweiskräftig zuzuordnen.

Im Nachlass von Ludewig findet man natürlich Pläne, Fotos und Listen von seinen Bauten und Projekten. Dabei hat er immer seine außerordentliche Fantasie und Kreativität bewiesen, wie z.B. bei den Plänen zu einer 50 Kilometer langen Brücke über den Rio de la Plata. Ludewig war auf allen Gebieten der Architektur tätig und hat sich auch mit der Innenausstattung der Gebäude beschäftigt.

Willi Ludewig wurde schon zwei Wochen nach seiner Ankunft in Buenos Aires, im Dezember 1935 „Mitarbeiter auf Angestelltenbasis" vom dort sehr bekannten Ing. Antonio U. Vilar. Dieses Verhältnis dauerte mehrere Jahre und die Bezahlung entsprach etwa der Hälfte von dem, was ein angestellter Architekt in Deutschland verdiente. Ab 1938 arbeitete er dann als stiller Sozius mit dem Architekten Alberto Rodriguez Echeto zusammen. Er hatte dabei auch einige Erfolge, konnte sich eine größere Wohnung mieten und ein Auto leisten. Gelegentlich gab er auch Aufträge an Hans Waloschek weiter. Im Jahr 1944 nahm sich Ludewig den argentinischen Architekten Nicolas Babini als „unterzeichnenden Mitarbeiter". Dabei hatte Babini aber einige unangenehme Auseinandersetzungen, weil er die Projekte eines „Kriminellen" (also nicht zugelassenen Architekten) unterzeichnete.

Erst Mitte 1949 wurde Ludewig Mitglied einer Architektenvereinigung und durfte dann bestimmte Projekte selbst unterzeichenen, allerdings nicht in allen Provinzen Argentiniens. Er wurde auch nicht in die offizielle Vereinigung der akademischen Architekten aufgenommen. Mit vielen Problemen, aber relativ erfolgreich hat Ludewig dann durch private Aufträge die nächsten Jahre überlebt, was allerdings auch seine Gesundheit stark mitgenommen hat. Über die Zeit nach 1959 berichtet er in einem recht intensiven Briefwechsel mit den Waloscheks, die damals nach Deutschland zurückgekehrt waren und dann auch eine Zeit in Perú lebten.

Seinen Sohn Eckard aus erster Ehe hatte Ludewig 1948 nach Argentinien kommen lassen. Mit seiner Frau Lusja hatte er 1936 einen zweiten Sohn (Andrés) und dann 1947 eine Tochter (Victoria). Andrés hat als junger Architekt vom Januar bis November 1967 bei Richard Linneke in den „Westfälisch-Lippischen Heimstätten GmbH" in Dortmund gearbeitet, um Erfahrungen in Deutschland zu sammeln.

Willi Ludewig hat nach 1935 nie wieder Deutschland besucht. Er ist am 5. Februar 1963 in Buenos Aires gestorben.

———

2.6 Der Banker Walter Opitz

Die von Grete Waloschek sorgfältig aufbewahrten Briefe zwischen Hans Waloschek und Walter Opitz aus den Jahren 1958 bis 1964 haben wesentlich zur Aufklärung einiger Dresdner Ereignisse des Jahres 1933 beigetragen, über die Hans Waloschek allerdings nie gesprochen hat. Selbst der Name Walter Opitz wurde im Kreise der Familie nie erwähnt. Aus den Briefen konnten aber einige Daten über das Leben von Walter Opitz abgeleitet werden, die dann von seinem Sohn **Dieter Opitz** (damals in Langnau bei Zürich) in einem Telefonat (am 26. September 2005) und von seiner Enkelin Frau **Ilonka Opitz** (Berlin) bestätigt und ergänzt wurden.

Walter Opitz ist am 13. Juni 1902 geboren. Er hat bei der Deutschen Bank eine Lehre abgeschlossen und war 1927 bei der „Bank für Arbeiter, Angestellte und Beamte A.G." (oft „Arbeiterbank" genannt) in der Filiale Dresden angestellt. Wie Klaus Brendler im Dresdner Adressbuch herausfinden konnte, war Walter Opitz 1933 in Dresden-Trachau, im Erdgeschoss des Hauses in der **Virchowstraße 28** (Dresden-Trachau) angemeldet, noch als „Bankkassierer". Das Haus gehörte dem Deutschen Siedlerverband, Ortsverband Dresden. Im Jahr 1933 war Walter Opitz allerdings dann schon Leiter der Filiale, wahrscheinlich als Nachfolger seines guten Bekannten Otto Fürstenberg, der auch in Trachau wohnte (Bolivarstraße 10).

Hans Waloschek hatte im Frühjahr 1928 bei der Arbeiterbank sein privates Bankkonto eingerichtet und auch ein Konto der gemeinnützigen Wohnungsbaugesellschaft GEWOG-Dresden (eine der vielen Tochtergesellschaften der DEWOG-Berlin), die er zusammen mit dem bekannten Kommunalpolitiker Richard Rösch leitete. Dabei entstand die Bekanntschaft mit Walter Opitz.

Die Arbeiterbank hatte ein beachtliches Eigenkapital und konnte deshalb unbürokratisch und schnell mit Zwischenkrediten bei der Finanzierung von Wohnungsbauten einspringen. Die zum Bau oft notwendigen 1. Hypotheken wurden damals meist von der „Volksfürsorge" beschafft. Das System funktionierte hervorragend und alle beteiligten Gesellschaften konnten ihre Ziele trotz Wirtschaftskrise halbwegs gut erfüllen.

Walter Opitz und Hans Waloschek hatten dabei natürlich viele Kontakte. Sie wurden gute Freunde. Auch Waloscheks Frau Grete, Frau Dorle (Dora) Opitz, Otto Fürstenberg und seine Frau Erna gehörten zu dem Kreis. Sie duzten sich alle.

Nach der Machtergreifung der Nationalsozialisten wurde Hans Waloschek im März oder April 1933 von bewaffneten SA-Leuten verhaftet, aber als Ausländer (Österreicher) wieder freigelassen. Zurück in Trachau hat er so bald es ging seine Familie auf einen geheim gehaltenen Ort (ein Bauernhof nahe Volkersdorf) gebracht und er selbst wurde in der Wohnung von Walter Opitz in der Virchowstraße versteckt. Von dort aus hat er den Transport seiner Möbel nach Wien organisiert und betreute auch weiter die Bauten einiger Privatkunden.

Der Sohn von Walter Opitz, Dieter wurde am 3. Mai 1933 geboren, als Hans Waloschek gerade bei den Opitz wohnte.

Am 4. Juli 1933 hat Waloschek seine Familie nach Wien abreisen lassen. Seine politisch stark engagierte Frau Grete kam aber bald wieder zurück, um ihm bei den noch bleibenden Tätigkeiten beizustehen. Waloschek benutzte dann auf seinen damaligen Bauplänen sogar den Stempel:

architekt hans waloschek
DRESDEN - N. 23, VIRCHOWSTR. 28

Es ist möglich, dass sich Hans Waloschek in einer (laut Adressbuch) leer stehenden Wohnung im Erdgeschoss (neben der von Walter Opitz) ein Büro eingerichtet hat, allerdings ohne sich polizeilich anzumelden, also illegal. Der „Deutsche Siedlerverband", damals schon in die „Deutsche Arbeitsfront" (DAF) integriert, war ja der Eigentümer der Wohnung und hat sich wahrscheinlich nicht darum gekümmert oder stillschweigend zugestimmt.

Waloscheks Tätigkeit blieb entsprechend nicht lange unbemerkt und er wurde mehrmals in der Wohnung von Opitz von SA und SS verhört. Bei einer kurzen Abwesenheit wurden alle seine Pläne, Unterlagen und Dokumente beschlagnahmt und abtransportiert, angeblich um Näheres über seine Verbindungen und Beziehungen zu erfahren, wie Walter Opitz berichtet. Hans Waloschek wurde *„staatsfeindliche"* Tätigkeit vorgeworfen, weil er Verfolgten des NS-Regimes Fluchthilfe leistete. Der damalige Sekretär der SPD in Freital bei Dresden, Arno Hennig, hatte ihm dafür sogar ein Auto der SPD Freital „in Verwahrung" gegeben.

Des Weiteren schreibt Opitz: *„Durch Zufall erfuhr Waloschek, dass die SA einen bewaffneten Überfall auf eine Reichsbannergruppe in Dresden-Trachau plante. Er konnte diesen Überfall den Beteiligten zeitig genug mitteilen. Er hat dabei unter höchstem Einsatz seine Existenz und sein Leben aufs Spiel gesetzt, aber dabei sicherlich vielen Reichsbannerkameraden das Leben gerettet."*

Die Lage spitzte sich zu und Waloschek erfuhr am 7. Dezember 1933 von einem Vertrauensmann bei der Polizei (den er nie namentlich erwähnt hat), dass ihn die SA am nächsten Tag nun doch verhaften würde. Er verabschiedete sich von seinem Freund Opitz und es gelang ihm noch in der Nacht über die tschechoslowakische Grenze zu fliehen. Er kam am 8. Dezember 1933 in Wien an. Seine Frau hatte schon vorher Dresden verlassen.

Erst Im Oktober 1958 hat Walter Opitz durch den gemeinsamen Freund Dr. **Ernst Bodien** erfahren, dass die Waloscheks noch lebten, und zwar in Südamerika. Er schrieb einen netten Brief an Hans Waloschek, wollte wissen wie er damals über die tschechoslowakische Grenze nach Wien gekommen ist und was ihn dann nach Argentinien geführt hat.

Dann schreibt Opitz weiter: *„Ich bin kurz nach Deiner Flucht aus der Arbeiterbank entlassen worden, weil ich unentschuldigt gefehlt habe: Ich war aber leider durch eine längere Haft am Arbeiten verhindert und konnte meinem Arbeitgeber gar keine Entschuldigung zukommen lassen."*

Dies muss also Ende 1933 oder Anfang 1934 gewesen sein. Wie **Dieter Opitz** berichtet, fand sein Vater dann eine Stelle als Prokurist bei der Firma **Louis Herrmann**, in der damals Förderbänder für den Bergbau höhergestellt wurden. Da es sich um eine kriegswichtige Produktion handelte, wurde Alfred Opitz nicht zum Kriegsdienst eingezogen. Die Fabrik wurde zwar 1945 zerstört, konnte aber irgendwie unter kommunistischer Regie weiter produzieren. Walter Opitz hat noch bis 1949 in der Virchowstraße gewohnt, dann ging er nach Berlin, wohin ihn ein halbes Jahr später die Familie folgte.

Walter Opitz schrieb darüber: *„Nachdem Dresden zerstört worden war und die russischen Besatzung einzog, habe ich noch einige Jahre versucht, unter dem Kommunismus zu leben, aber es war die gleiche Situation wie vorher, nur dass die Männer andere Bärte trugen. Seit 1949 bin ich wieder in Berlin und habe 1953 eine Stellung bei den wiedererrichteten Gewerkschaftsbanken angenommen."*

1960 war Walter Opitz Mitglied des Vorstandes der „Bank für Wirtschaft und Arbeit zu Berlin A.G." Der letzte Brief von Walter Opitz an die Waloscheks hat das Datum 26. Mai 1964 und auf dem Briefkopf steht oben:

Walter Opitz
Direktor der
Bank für Gemeinwirtschaft A.G.
Niederlassung Berlin.

Aus der Korrespondenz mit Waloschek (und von Dieter Opitz bestätigt) geht noch hervor, dass Walter Opitz und seine Frau zwei Söhne hatten: **Dieter**, der ja am 3. Mai 1933 geboren wurde und **Rainer**, der 1939 geboren wurde und (laut Dieter) 2004 in Berlin wohnte. Dieter hatte Pharmazie studiert und dann in der Schweiz eine Apotheke betrieben.

Walter Opitz ist (laut Todesanzeige) am 2. Januar 1987 in Berlin gestorben. Die Anzeige wurde von Dora Opitz, Dieter Opitz, Rainer Opitz, Margarethe Vollprecht, Karin und Ilonka Opitz und Ursula Wastl aufgegeben.

2.7 Der Architekt Hans Richter

In der zweiten Hälfte der 20er Jahre entwarf Hans Richter Teile der Großsiedlung Dresden-Trachau, die durch die GEWOBAG errichtet wurden. In geringerem Umfang erhielt er auch Aufträge der GEWOG-Dresden, deren technischer Leiter Hans Waloschek war. Die vorliegende Information über das Leben von Hans Richter wurde von Klaus Brendler (Dresden-Trachau) verfasst und freundlicherweise zur Verfügung gestellt. S. auch **[Br06a]** und **[Lo67]**.

Am 10. Dezember 1971 starb mit dem Baurat a.D. Hans Richter einer der bedeutendsten Vertreter der „Neuen Sachlichkeit" in der Dresdner Architektur. Als Sohn eines Webers am 14. April 1882 im böhmischen Königswalde (Kralovstvi) geboren, absolvierte er nach einer Maurerlehre in Rumburg (Rumburk), dem Besuch der Staatsgewerbeschule in Reichenberg (Liberec) und einer Arbeit als Techniker in Aussig (Usti nad Labem) von 1910 bis 1915 ein Studium an der Dresdner Kunstakademie.

Bevor er sich 1919 als freischaffender Architekt in Dresden niederließ, war er zunächst in der Bauverwaltung des Sächsischen Finanzministeriums angestellt.

Im Laufe seines langen Berufslebens nahm Hans Richter an zahlreichen Wettbewerben für Wohn- und Industriebauten teil.

„Mehrere große Wettbewerbserfolge, darunter 1931 ein Auftrag für ein Hochhaus am Pirnaischen Platz in Dresden, seine Erweiterung der Innenstadt in Teplitz-Schönau und schließlich die mit dem Dresdner Stadtbaurat Paul Wolf (1879-1957) gemeinsam entworfene Magistrale für den Wettbewerb Stockholm in der Zeit der Weltwirtschaftskrise wurden von ihm errungen.", wie Fritz Rothstein in der Zeitschrift „Deutsche Architektur" Jahrgang 1958 berichtet.

Mit dem Wasserturm (1925) in Hellerau, den ehemaligen „Hille-Werken" in Dresden-Reick (1927), den Wohnbauten der Gewobag („Gemeinnützige Wohnungsbau-Aktiengesellschaft Dresden") in Dresden-Pieschen (1926-28) oder der damals modernsten Dresdner Wohnsiedlung in Trachau (1928-38) setzte Hans Richter neuzeitliche Akzente, die 1933 den herrschenden politischen Kräften ein Dorn im Auge waren. Die Großsiedlung Dresden-Trachau, an deren Erbauung bis 1933 mehrere Gesellschaften und als Architekten neben Hans Richter auch Hans Waloschek (1899-1985) und die Architektenfirma Rudolf Schilling & Julius Graebner beteiligt waren, ist das bekannteste Beispiel des Neuen Bauens in Dresden.

Weil aber *„der Nachwelt nicht bezeugt werden soll, dass der verbildete oder verwilderte Geschmack des einzelnen Volksgenossen sich im neuen Deutschland ungehindert austoben durfte, und wenn schon die bisherigen Bausünden nicht ohne weiteres getilgt werden können, so sind wenigstens neue Einbrüche in die vorhandene Schönheit und Ausgeglichenheit der Ortsbilder in öffentlichem Interesse zu verhindern."* (Aus dem Erlass des Ministeriums des Innern vom 10. Aug. 1934, betr.: Heimatschutz im Bauwesen).

So wurden durch den nationalsozialistischen Staat auch alle Arbeiten in der Trachauer Großsiedlung gestoppt und die beiden maßgeblichen Architekten, Hans Richter und Hans Waloschek, an ihrer weiteren Arbeit massiv gehindert. Erst 1934/35 konnten nach Überarbeitung der Bauunterlagen durch andere Architekten weitere Häuser errichtet werden.

Das zeichnerische Gesamtwerk Hans Richters wurde während der Bombenangriffe im Februar 1945 vollständig vernichtet. Nach kurzem Aufenthalt in seinem Geburtsort zog er 1946 wieder nach Dresden. Hier entstanden u.a. Entwürfe für einen Pionier-palast (1951), den Wiederaufbau der Pfarrkirche St. Franziskus Xaverius in Dresden-Neustadt (1952), für ein Theater der Jungen Generation (undatiert) und für die Katholische Pfarrkirche Dresden-Strehlen (1952). Eine seiner letzten großen Arbeiten war Anfang der 1950er Jahre der Wiederaufbau der Innenräume der 1913/14 errichteten und 1945 ausgebrannten Volksbühne am Rosa-Luxemburgplatz in Berlin.

Die letzte Ruhestätte des Architekten Hans Richter befand sich auf dem Johannis-Friedhof in Dresden-Tolkewitz.

Klaus Brendler (2006)

2.8 Der Kommunalpolitiker Richard Rösch

Von 1928 bis 1932 hatten Richard Rösch und Hans Waloschek die GEWOG-Dresden geleitet. Im Folgenden werden die dazu im Text nur kurz erwähnten Angaben mit einigen weiteren Daten über das Leben von Richard Rösch ergänzt. Diese Information wurde in einer ersten Fassung von **Horst R. Rein** (1936-2006) zusammengestellt und dann von **Klaus Brendler** überarbeitet, erweitert und in der vorliegenden Form freundlicherweise zur Verfügung gestellt. Die Daten stammen aus mühsamen Recherchen in Dresdner Archiven, aus Zeugenaussagen und aus einer Durchsicht des von Klaus Brendler in Cunewalde (Oberlausitz) gefundenen Nachlasses von Richard Rösch (s. auch **[Br06]**).

Richard Rösch kam am 2. Juli 1874 als viertes Kind in der Familie eines Webermeisters im sächsischen Frankenberg zur Welt. Nachdem er den Beruf des Zimmerers erlernt hatte, führte ihn in den 1890er Jahren die traditionelle Wanderschaft in die Aachener Gegend, wo er aktive Kontakte mit der Gewerkschaft, der SPD und ihrer damaligen Presse fand. In diesen Jahren schloss er auch die Ehe mit Lina Mitterhauser (1879-1971), der Tochter eines engagierten Sozialdemokraten aus dem heutigen Leverkusen. Sie wurde später als Politikerin Lina Ege-Rösch bekannt. In dieser Ehe wurden seine Töchter Edith, Herta und Adele geboren.

Nach der Trennung von seiner Frau Lina, übersiedelte Richard Rösch 1908 nach Dresden und begann hauptamtlich als Gauleiter im Zentralverband der Zimmerer zu arbeiten. Sein erster Wohnsitz war zunächst in der Schäferstraße 101, danach im Haus Wachsbleichstraße 14.

In Dresden lernte er 1909 die aus Cunewalde/Oberlausitz stammende und auf der Pieschener Mohnstraße 31 wohnende Zigarettenarbeiterin Bertha Rausendorf (1884-1963) kennen. Am 17. September 1910 heirateten sie und wohnten bis 1930 in der Wachsbleichstraße. Dieser Ehe entstammen keine Kinder. Im Ersten Weltkrieg wurde Richard Rösch zum Landsturm einberufen und der Bewachung Kriegsgefangener zugeteilt.

1917 schloss er sich der USPD an, leitete den Vertrieb der „Unabhängigen Volkszeitung" in Dresden, kehrte 1922 in die SPD zurück, trat 1922/23 als Redakteur in die Redaktion der „Dresdner Volkszeitung" ein und wurde zum Fraktionsvorsitzenden der SPD in der Dresdner Stadtverordnetenversammlung gewählt.

Richard Rösch, eine der führenden Persönlichkeiten des Dresdner Siedlungswesens, galt in Fragen der Bekämpfung der Wohnungsnot und der Erwerbslosigkeit als eines der rührigsten Mitglieder des Stadtverordnetenkollegiums.

Er war nicht nur Mitglied zahlreicher Ausschüsse wie zum Beispiel für den Wohnungs- und Kleinwohnungsbau, für die Hauserhaltung und die Verfassung, sondern auch Mitglied des Verwaltungsrates der Gas-, Wasser- und Elektrizitätswerke, der Kohlenkommune, des Ernährungsbeirates, des Verwaltungsausschusses des Arbeitsamtes, des Aufsichtsrats der GEWOBAG und der Dresdner Baugemeinschaft

GmbH. Außerdem vertrat Richard Rösch seine Partei in der Sächsischen Gemeindekammer und im Sächsischen Gemeindetag.

In der 1928 gegründeten GEWOG-Dresden übernahm er die Funktion des Geschäftsführers. Neben dem Bau preiswerter Kleinwohnungen mit einem für die damalige Zeit bemerkenswerten Wohnstandard errichtete die GEWOG u.a. auch das Volkshaus in Riesa, das den Mitgliedern der Sozialdemokratie und der Gewerkschaften als Arbeiterheim diente.

In der schweren Wirtschaftskrise der frühen 1930er Jahre, er und seine Frau hatten eine Wohnung in der Trachauer Kirchhoffstraße 40 bezogen, kämpfte Rösch besonders aufopferungsvoll um den Erhalt sozialer Projekte, konkret um das Volkshauses Dresden-West (Cotta). Als Vorsitzender des Vereins „Volkshaus Dresden-West" der freien Organisationen Dresden-Cotta e.V. setzte er sich mit großem Engagement für den Erhalt dieser Einrichtung ein. Dabei zögerte er nicht, sogar sein privates Eigentum als Bürgschaft zu verwenden.

Mit der Machtergreifung durch die Nationalsozialisten (31. Januar 1933), der anschließenden Verfolgung der Arbeiterparteien und Gewerkschaften, wurde Richard Röschs Lebenswerk abrupt beendet.

Im März 1933 wurde er in seiner Wohnung verhaftet, anfangs im Gebäude der „Dresdner Volkszeitung" (Wettiner Platz) gefangengehalten, später in der Haftanstalt Mathildenstraße (3.April- 7.April 1933) in „Schutzhaft" genommen, schwer misshandelt und als Schwerkranker entlassen. Am 1. Juni 1933 war ihm sein Beschäftigungsverhältnis bei der Gewog-Dresden gekündigt worden. Bis zum 30. September erhielt er noch sein Gehalt, etwa 500 RM/Monat, danach nur eine monatliche Rente von 85 RM.

Das Ehepaar Rösch musste die Wohnung in der Kirchhoffstraße aufgeben, nahm sich vom August 1933 bis Ende Juni 1934 eine kleinere auf der Fraunhoferstraße und verzog anschließend nach Cunewalde (Oberlausitz).

Hier verstarb am 18. Oktober 1936 der durch einen Schlaganfall, ein schlimmes Nervenleiden und Diabetes schwerkranke Richard Rösch.

Klaus Brendler (2006)

2.9 Begegnung mit Grete Schütte-Lihotzky

Jutta Waloschek hat im Jahr 1999 die Architektin Grete Schütte-Lihotzky zwei Mal in ihrer Wiener Wohnung besucht. Eines dieser Treffen fand am 4. November statt, das zweite war einige Wochen danach. Im vorliegenden Bericht hat Jutta ihre Erinnerungen und Aufzeichnungen aus diesen beiden Treffen zusammengefasst. Weitere Daten über das Leben von Grete Schütte-Lihotzky findet man in vielen Veröffentlichungen, auch im Internet und in ihren eigenen Publikationen, darunter zwei autobiografische Bücher **[SL94] [SL04]**.

Die Begegnungen mit Grete Schütte-Lihotzky waren wunderbare Erlebnisse. Sie war dabei immer freundlich und gut gelaunt, interessierte sich für alles, besonders für Neues oder für sie noch Unbekanntes. Sie hatte ein außerordentlich gutes Gedächtnis und erzählte mit Begeisterung aus ihrem eigenen Leben und über ihre alten Freunde und Bekannten. Man hatte nie den Eindruck mit einer 102 Jahre alten Frau zu sprechen. Schon nach einigen Minuten duzte man sich.

Grete Schütte-Lihotzky wohnte seit 1970 und bis zu ihrem Tod im Januar 2000 in einer von ihr selbst entworfenen eineinhalb Zimmer Wohnung mit einer 30 Quadratmeter großen Terrasse, im 6. Stock des Hauses in der recht ruhigen Franzosengasse Nr. 16, hoch über den Dächern des 5. Wiener Bezirks, wo der Lärm der U4 und der Hamburgerstraße trotz Nähe nicht mehr wahrzunehmen ist. Sie lebte dort (1999) mit Kater Schurli und mit vielen Pflanzen, freundlich, modern und zweckmäßig eingerichtet, für sie genügend, wie sie selbst betonte: *„Was brauch ich mehr als dies hier so wie es ist!"*.

Vor 1970 wohnte sie in der geräumigen Wohnung ihrer Eltern, in der Hamburgerstraße 40, im Mezzanin, Tür 11, auch im V. Bezirk. Hier war die Familie Lihotzky (der Vater war k.k.-Beamter) schon 1914 eingezogen. Nach 1925 ist Grete viel in der Welt herumgekommen, war unter anderem in Frankfurt, Moskau und in der Türkei tätig, hatte den Architekten Wilhelm Schütte geheiratet, war Untergrundkämpferin, dann im Gefängnis und kam 1947 nach Wien zurück. Ihre Eltern waren schon 1924 verstorben, sie hatte sich 1951 von ihrem Mann getrennt und ihre Schwester Adele war ausgezogen, sodass die Wohnung nun für sie zu groß war. Sie hat sie 1970 verkauft und zog in ihr nicht weit entferntes neues Domizil in der Franzosengasse.

Aber die Wohnung in der Hamburgerstraße war mit vielen schönen Erinnerungen verbunden über die Schütte-Lihotzky gerne berichtete. In dem großen Wohnzimmer fanden oft anregende und lustige Abende statt, mit Schwester Adele und einigen Freunden. In den Jahren 1922 bis 1925 waren oft die *„immer gut aufgelegten und lustigen Brüder Hans und Willi Waloschek dabei"*, die mit ihr (damals noch Grete Lihotzky) im „Österreichischen Verband für Siedlung und Kleigartenwesen" tätig waren. Es wurde viel geplaudert, geplant und manchmal musiziert. Mutter Lihotzky kam hin und wieder und brachte Tee. Ein Beliebter Gesprächsstoff waren Reisen, meist nur auf der Landkarte, aber besonders nach Italien, mit seiner geliebten Kultur.

Mehrmals hat Schütte-Lihotzky über ein ganz besonderes Erlebnis erzählt, welches (wie sie öfters betonte) die soziale Orientierung ihrer späteren Arbeit stark beeinflusst hat. Es war wohl im Jahr 1922, als sie ein einziges Mal die Schuster-Werkstatt-Wohnung der Brüder Waloschek besucht hat. Sie war damals über die *„proletarische Wohnweise"* der Waloscheks zutiefst erschüttert.

Auf kleinstem Raum waren Arbeitsplatz, Schlafstellen, Koch- und Wohnraum in einem Halbkeller untergebracht, vier Stufen unter dem Gehsteig. Es gab nur kleine *„Fußfenster"* zur Straße. Dabei hat sie natürlich die etwas verbitterte Mutter, also die Schuhmachermeisterwitwe Emma und die verwöhnte 14-jährige Schwester Emmy kennen gelernt. Über den „Bettleger", der nur zum Schlafen kommen durfte und dafür bezahlte, und über den Bordellbetrieb in den oberen Stockwerken wurde sie wahrscheinlich nicht informiert. Aber sie wunderte sich auch noch 1999 darüber, dass die beiden Brüder Waloschek *„obwohl sie keine Akademiker waren, trotzdem so tüchtige Baumeister wurden".*

Grete Schütte-Lihotzky erinnerte sich gerne an ihre Lehrer, Meister oder Kollegen aus ihren Studentenjahren und nannte zum Beispiel Oskar Strnad, Adolf Loos, Otto Wagner, Ernst Egli, Ernst May, Wilhelm Schütte, Ludwig Neumann, Peter Behrens, Joseph Hoffmann und Franz Schuster. Auch über ihre Beteiligung am Bau der Siedlung Eden konnte sie noch vieles berichten. Sie plante einen Kindergarten und mit Ernst Egli die „Kernhäuser", die sie auch „Steinhäuser" nannte. Anscheinend hatte auch sie ein Grundstück in der Siedlung Eden.

Eine direkte Zusammenarbeit der damaligen Grete Lihotzky mit Hans oder Willi Waloschek hat es offensichtlich nicht gegeben. Sie arbeiteten ja auf verschiedenen Gebieten. Während sie Inneneinrichtungen entwarf und die „Bauhütte" leitete waren die Brüder Waloschek hauptsächlich mit dem Entwurf und der Durchführung von Bauten beschäftigt. Es war eine eher kollegiale Freundschaft mit Besuchen und Treffen im privaten Bereich.

Sehr bedauert hat Schütte-Lihotzky die Tatsache, dass Hans Waloschek und seine Frau Grete (die sie ja beide aus dem Siedlerverband gut kannte), nachdem sie 1959 aus Argentinien nach Europa zurückgekommen waren und eine Wohnung in Wien (nicht weit von ihrer) hatten, nie mit ihr Kontakt aufnehmen wollten. Grete Waloschek begründete es mit der politischen Einstellung von Schütte-Lihotzky (KPÖ) – sie wollte angeblich ihrem stark depressiven Mann jede mögliche Aufregung (etwa durch die Erinnerung an Vergangenes) ersparen. Es ist auch möglich, dass romantische Gründe aus den Jugendjahren dahinter steckten. Grete Lihotzky war ja eine sehr attraktive Frau.

Grete Schütte-Lihotzky ist am 18. Januar 2000 in Wien gestorben.

Jutta Waloschek (2001)

Quellenangaben

[AS30] **Allgemeiner Sächsischen Siedlerverein, e.V."** (ASSV): Broschüre „Siedlung Dresden-Trachau", 12 S. A5, 1930, Faksimile in **[WHww]**.

[BR91] **Benz-Rababah, Eva:** „Leben- und Werk des Städtebauers Paul Wolf", Dissertation an der Universität Hannover (1991) mit der Quellenangabe: DB – Deutsche Bauzeitung, Band 63, 1929, Beilage Wettbewerbe, S. 80-84.

[Br06] **Brendler, Klaus:** „Richard Rösch – eine Biographie" in „Die Nordwest Rundschau" (Dresden), 2006, Nr. 3, S.4. **[WHww]**

[Br06a] **Brendler, Klaus:** „Hans Richter – eine Biographie" in „Die Nordwest Rundschau" (Dresden), 2006, Nr. 4, S.4. **[WHww]**

[Bo59] **Bodien, Ernst et al:** „Geschichte der gemeinnützigen Wohnungswirtschaft in Berlin" herausgegeben vom Verband Berliner Wohnungsbaugenossenschaften und -gesellschaften, Hammonia-Verlag GmbH, 1959, 244 S., A4.

[BW68] **Verband Berliner Wohnungsbaugenossenschaften und -gesellschaften e.V.:** Nachruf auf Ernst Bodien, Januar 1968, in **[WaHH]**

[Ca08] **Casemayor, Oscar:** „Residencia Aluminé" in „Patrimonio Arquitectónico Marplatense", <http://patrimoniomdp.com.ar>.

[Da00] **Dähmlow, Silke:** „Das Wohlfahrtsforum in Brandenburg", Magisterarbeit am Kunsthistorischen Seminar der Philosophischen Fakultät III der Humboldt Universität Berlin, Februar 2000.

[Da01] **Dähmlow, Silke:** Doktorarbeit an der Humboldt Universität Berlin, angemeldeter Arbeitstitel „Der Architekt Willi Ludewig - Bauten zwischen Weimarer Republik und lateinamerikanischen Exil"

[GE31] **GEWOG-Dresden (Hrsg.):** „Die Gewog-Wohnung – 1931", Faltblatt 3 x A4, in **[WHww]**.

[Gu05] **Gutierrez, Ramón et al (editores):** „Alemanes en la arquitectura rioplatense" 1a ed. Buenos Aires: CEDODAL - Centro de Documentación de Arte y Arquitectura Latinoamericana, 2005, 216 p., 30 x 21 cm, ISBN 987-1033-13-3.

[Ha82] Harenberg, Bodo: „Chronik des 20. Jahrhunderts", Georg Westermann Verlag,1216 S. (1982), ISBN 3-14-509077-1.

[La06] Langer, Claus-Dirk: „Architekturführer Meissen – Die Bauten von A bis Z", (s. www.ab-langer.de) 2006, ISBN: 978-3-00-018806-0.

[Lo00] Löwel, Karl Heinz: „Zur Baugeschichte der Großsiedlung Trachau", S. 14 bis 30 in **[St00]**, s. auch Deutsches Architektenblatt DAB (5/97, S. 676-677) in „GEWOG-Bauten" in **[WHww]**.

[Lo67] Löffler, Fritz: „Hans Richter" in „Baumeister - Zeitschrift für Architektur, Planung, Umwelt", 1967, S. 1304, Faksimile in **[WHww]**.

[Lo96] Löwel, Karl Heinz: Kürzere Fassung von **[Lo00]**, Beilage zur Trachauer Bürgerzeitung (TBZ) Nr 41, Aug. 1996 (5 Seiten, A4), Faksimile in **[WHww]**.

[Lo97] Löwel, Karl Heinz: „Dresden und die Neue Sachlichkeit – die Großsiedlung in Dresden-Trachau", Deutsches Architektenblatt (DAB), 5/97, S. 676-677, Faksimile in **[WHww]**.

[Lu05] Ludewig, Andrés: „Guillermo Ludewig, arquitecto. Datos para su biografía", S. 95 bis 105 in **[Gu05]**.

[Lu30] Ludewig, Willi: „Architekt Ludewig", Deutsche Architekturbücherei GmbH Berlin - Leipig - Wien.M.B.H. 56 S., Hardcover, 20 x 25 cm, um 1930, mit einer Einführung von Paul F. Schmidt.

[Lu50] Ludewig, Willi: „Lebenslauf", Typoskript, 62 S., 1950., Faksimile unter „Wer war Architekt Willi Ludewig" in **[WHww]**.

[Lu97] Lupfer, Gilbert (Hrsg.): „Architekturführer Dresden", Reimer Verlag, 1997, 268 S., ISBN: 3-497-01179-3.

[Mu07] Müller, Manfred: „Am Volkshaus wird gebaut", Beitrag in der Riesaer Zeitung (in der SZ) vom 28. Oktober 2007.

[Pu65] Punzmann, Familie: Bericht im Internet: <wien.at>, „Wien im Rückblick", Nov. 1965. Die Familie hat 1854 das 1697 errichtete Biedermeierhaus Nr. 8, Lange Gasse 34 in Wien-Josefstadt erworben (später Familie Schwarzl). Bis 1963 Backstube, seit 5.11.1965 Alt-Wiener-Café und Museum. S. auch: Fritz Punzmanns Todesanzeige vom 31. Dez. 1982 (in **[WaHH]**).

[Re99] Rein, Horst R.: Kommentierte Auszüge aus **[WH29]** und **[WH31]** in der Trachauer Bürgerzeitung Nr. 61, Juli 1999, S. 8 und 9 , Faksimile in **[WHww]**.

[RK99] R.K.(Signatur)**:** „Die eingerichtete Wohnung", Bericht über die Gewog-Ausstellung, Volkszeitung, 22. Mai 1931. Faksimile in der Trachauer Bürgerzeitung (TBZ) Nr. 50, Juni 1997, S. 4, **[WHww]**.

[SL94] **Schütte-Lihotzky, Margarete**: "Erinnerungen aus dem Widerstand. Das kämpferische Leben einer Architektin von 1938 -1945" (Edition Spuren), von Promedia, Wien (Juli 1994).

[SL04] **Schütte-Lihotzky und Karin Zogmayer:** „Warum ich Architektin wurde", (Promedia, Wien 1994), von Residenz/Niederösterreich. Pressehaus (Gebundene Ausgabe - März 2004).

[St00] **Steglich, Walter und Obenaus, Maria (Hrsg.)** „Die Großsiedlung Dresden-Trachau – Geschichte und Sanierung", verofentlicht von der „Wohnungsgenossenschaft Trachau-Nord eG" (WGTN) und dem „Deutscher Werkbund Sachsen e.V.", Sandstein Verlag Dresden, 124 S., (2000), ISBN 3-930382-44-X.

[Vo30] **Volkshaus Riesa GmbH (Hrsg.):** „Festschrift zur Eröffnung des Volkshauses Riesa am 1. März 1930". Faksimile in **[WP01]** und in **[WHww]**..

[WaHH] **Waloschek-Archiv in Hamburg:** Über 2400 Briefe und 400 Dokumente aus der Familiengeschichte (30 Ordner). Der Hauptteil besteht aus dem Nachlass von Hans Waloschek.

[WH29] **Waloschek, Hans:** „Die erste Flachdachsiedlung in Dresden", in der Zeitschrift „Sächsische Siedlung", 7. Jahrgang, Nr. 10 (5. Okt. 1929). S. auch **[Re99]**.

[WH31] **Waloschek, Hans:** „Die Flachdachsiedlung ‚Sonnenlehne' in Dresden-Trachau", Zeitschrift „Sächsische Siedlung", 1931. S. auch **[Re99]**.

[WH32] **Waloschek, Hans:** „Das vollmassive Einfamilienhaus" in den „Nachrichten der Deutschen Linoleum-Werke A.-G." Nr. 21, S. 9 bis 11, 1932. Faksimile in **[WHww]**.

[WH60] **Waloschek, Hans:** „Brasilia - Die jüngste Hauptstadt der Welt" in „neue heimat - monatshefte für neuzeitlichen wohnungsbau", Mai 1960, S. 28-42.

[WH61] **Waloschek, Hans:** „Wien - Städtebauliche Aufgaben für mehr als eine Generation" in „neue heimat - monatshefte für neuzeitlichen wohnungsbau", Juni 1961, S. 28-44.

[WHww] **Waloschek, Hans:** „Die Hans Waloschek Fundgrube", Faksimiles und Dokumente in: <**www.waloschek.de/hans.htm**>

[WJ01] **Waloschek, Jutta und Pedro:** „Der Architekt Hans Waloschek - Sein Leben und sein Werk", Stand 2002, in **[WP01]**, S. 81-105.

[WJ03] **Waloschek, Jutta und Pedro:** „Die Vorfahren des Architekten Hans Waloschek" Broschüre, 68 S. A4, 37 Abb., und 20 Faksimiles von Dokumenten, als PDF-Datei im Internet unter **[WHww]**.

[WJ99] **Waloschek, Jutta und Pedro:** „Wer war der Architekt Hans Waloschek?", Beilage zur Trachauer Bürgerzeitung (TBZ) Nr. 61, Juli 1999 (8 Seiten, A4), Faksimile in **[WHww]**.

WP01] **Waloschek, Pedro (Hrsg.):** „Das VOLKSHAUS RIESA und sein Architekt" u.a. mit dem Faksimile der Einweihungsbroschüre **[Vo30]**. BoD-Verlag, April 2001, ISBN 3-8311-1810-8, 120 S.

[WP07] **Waloschek, Pedro (Hrsg.):** „Der schlaue Turm von RIESA – Wissenswertes über den VOLKSHAUS-Bau" BoD-Verlag. Juli 2007, ISBN: 978-3-8370-0247-8.

[WP08] **Waloschek, Pedro und Jutta:** „Das Schicksal der Walos – Zwei Wiener im Ausland", BoD Nr.0005250838, Juni 2008, 294 Seiten, im BoD-Buchshop zu bestellen.

[WP09] **Waloschek, Pedro (Hrsg.):** „Auf den Spuren des Architekten Hans Waloschek – Bauten in Deutschland und Südamerika" In Vorbereitung.

[WP30] **Wolf, Paul:** „Das neue Sachsen", Dresden-Hellerau 1930, zitiert in **[St00]**. S. 115.

Register

„Das VOLKSHAUS RIESA und sein Architekt"

Eine Informationsschrift
zusammengestellt und herausgegeben
von Pedro Waloschek

120 Seiten, 22 x 17 cm, Paperback, 79 Abb. (9,- Euro)
BoD GmbH Norderstedt (2001), ISBN 978-3-8311-1810-8
im Buchhandel und in Internet-Shops zu bestellen

Inhalt:

Vorwort von Heike Berthold
Persönliche Bemerkungen von Pedro Waloschek
Einführung von Russell Bevington
Faksimile der Festschrift zur Eröffnung 1930 (63 S.)
Das Leben des Architekten Hans Waloschek (Kurzfassung)
Dokumente aus dem Nachlass des Architekten

„Der SCHLAUE TURM von RIESA"

Wissenswertes über den
VOLKSHAUS-Bau 1928-1932

zusammengestellt und herausgegeben
von Pedro Waloschek und Heike Berthold

61 Seiten, 22 x 17 cm, Paperback, 50 Abb. (6,- Euro)
BoD GmbH Norderstedt (2007), ISBN 978-3-8379-0247-8
im Buchhandel und in Internet-Shops zu bestellen

Inhalt:

Vorwort – Der schlaue Turm
(Erinnerungen von Dipl.-Ing. Wolfgang Grimm)
Die Träume der Stadtväter
Die Wünsche der Auftraggeber
Der rationelle Wohnungsbau
Anhang: Die GEWOG und die DEWOG
Der Untergang und die Jahre danach
Erinnerungen von Dr. med. Dieter Frank
Wer war Alfred Kiß?

Weitere Bücher von Pedro Waloschek

die im Buchhandel und in Internet-Shops bestellt werden können.
S. auch <www.waloschek.de>:

„Wörterbuch Physik"

5500 Begriffe, mit englisch-deutschem Verweisregister
TOSA-Verlag, Wien (2006), Hardcover, 586 S., 128 Abb.
ISBN 978-3-85003-025-0, (9,95 Euro),
Auch **auf CD**, Digitale Bibliothek, ISBN 978-3-898534540 (15,- Euro)

„Todesstrahlen als Lebensretter"

Tatsachenberichte aus dem Dritten Reich
BoD (2004), 240 S., A5, Hardcover, ISBN 978-3-8334-0979-7 (34,- Euro).
Paperback, ISBN 978-3-8334-1616-5 (15,90 Euro)

„Rolf Wideröe über sich selbst"

Leben und Werk eines Pioniers des Beschleunigerbaues und der Strahlentherapie
BoD (2004), Hardvover, 203 S., A5, ISBN 978-3-8334-0804-9 (33,- Euro)

„Rolf Wideröe"

A Pioneer of Particle Physics and Radiation Therapy (Revised)
BoD (2007), Paperback, 200 p., A5, ISBN 978-3-8370-0557-8 (16,- Euro)

„iutta in Farbe"

116 ihrer Werke (in Farbe)
BoD (2004), Paperback, 108 S., A5, ISBN 978-3-8334-1497-9 (22,- Euro)

„iutta und die Physiker"

95 Zeichnungen
BoD (2005), Paperback, 108 S., A5, ISBN 978-3-8334-2849-X (8,- Euro)

„Die Malerin Astrid Grauer"

63 ihrer Werke (in Farbe)
BoD (2005), Paperback, 71 S., A5, ISBN 978-3-8334-4342-1 (14,- Euro)

„iutta und die Musiker"

172 Zeichnungen
BoD (2007), Paperback, 160 S., A5, ISBN 978-3-8334-9495-6 (12,- Euro)

Nur im BoD-Buchshop und beim Autor:

„Das Schicksal der Walos"

Zwei Wiener im Ausland
BoD (2008), Paperback, 294 S., 19x12 cm, BoD 0005250838 (20,- Euro)

Pedro Waloschek, 1929 in Dresden geboren (Österreicher), promovierte in Physik und Mathematik an der Universität Buenos Aires. Nach zwei Jahren am MPI-Göttingen unterrichtete er an den Universitäten von Bologna und Bari, wo er sich auch habilitierte. Seit 1968 einer der leitenden Wissenschaftler bei DESY in Hamburg. Ist Autor oder Koautor in über 100 wissenschaftlichen Veröffentlichungen auf dem Gebiet der Teilchenphysik. Nach 1980 hat er sich zunehmend der allgemeinverständlichen Darstellung seines Faches gewidmet. Im Ruhestand wurde er als Buchautor und Herausgeber tätig, auch für seine Freunde und Verwandten.